Bernhard Esser

Kultursensitive Beratung und Dialog

Arbeit und Begegnung mit ausländischen Studentinnen und Studenten

WOCHEN
SCHAU
STUDIUM

Bibliografische Information der Deutschen Nationalbibliothek

Die Deutsche Nationalbibliothek verzeichnet diese Publikation in der Deutschen Nationalbibliografie; detaillierte bibliografische Daten sind im Internet über http://dnb.d-nb.de abrufbar.

„Für Menschen ist die Begegnung mit Fremden ein Geschenk."
Hidekazu Yoshida

Gewidmet ist das Buch den Menschen, die durch ihre Lebensgeschichten, Normen und Werte und durch Einblicke in ihre Kultur bei mir Irritationen ausgelöst und mich zum Nachdenken angeregt haben.

Dieses Buch entstand mit freundlicher Unterstützung durch das Erzbistum Köln und das Forum Hochschule und Kirche.
Herausgeber: Forum Hochschule und Kirche
Rheinweg 34
53113 Bonn

Im Forum Hochschule und Kirche e.V. arbeiten die bundesweiten Organisationen der Katholischen Hochschulpastorale zusammen. Die rund 125 Katholischen Hochschul- und Studierendengemeinden leisten mit ihren vielseitigen Angeboten einen wichtigen Beitrag zur gelingenden Integration von ausländischen Studierenden an den Hochschulen. Weitere Informationen unter: www.fhok.de.

www.wochenschau-verlag.de

Titelentwurf: Ohl Design
Gedruckt auf chlorfreiem Papier
Gesamtherstellung: Wochenschau Verlag
ISBN 978-3-89974574-0

INHALT

„Rückkehr vom Marienfeld“ (Weltjugendtag 21.08.2005) KHG Köln (Quelle: eigen)

Vorwort

Wer an Hochschulen und Universitäten mit ausländischen Studentinnen und Studenten arbeitet – ob als Dozent/in, als Auslandsbeauftragte/r, als Verwaltungsmitarbeiter/in im Auslandsamt, ob in der Ausländerseelsorge oder wie der Autor dieses Handbuchs Bernhard Esser in der Beratung – braucht professionelle interkulturelle Kompetenz, die sich auf drei Ebenen bezieht: auf Fachwissen, auf Handlungsfähigkeit und auf ethisch fundierte Haltungen.

Bernhard Esser geht in seinem Buch auf alle drei Ebenen dieser professionellen interkulturellen Kompetenz ein. Er reflektiert auf überzeugende Weise seine langjährigen beruflichen Erfahrungen in der Beratung ausländischer Studentinnen und Studenten und zeigt Handlungsperspektiven für eine kultursensitive Beratung auf. Überzeugend finde ich auch die dahinter stehenden Haltungen, mit denen er den Studierenden gegenübertritt. Er zollt ihnen zuerst einmal Respekt. Respekt ist eine Haltung, die jedem Menschen gebührt, unabhängig davon, was er denkt, tut und fühlt. Respekt ist Ausdruck der Würde, die jedem Menschen zukommt.

Wie kann ich Respekt empfinden gegenüber einem Menschen, dessen Handeln mir kulturell fremd und unverständlich erscheint, vielleicht sogar abstoßend? Bernhard Esser ist der jüdisch-christlichen Tradition verpflichtet. In dieser Tradition hat der jüdische Philosoph Emmanuel Lévinas (1906-1995) die Bedeutung einfachen Wahrnehmens und Staunens erläutert und das vorschnelle Kategorisieren und Bewerten kritisiert: Lévinas kritisiert abendländisches Denken dahin gehend, dass es oft das Fremde und Andere ausgrenze oder vereinnahme, anstatt sein Geheimnis zu schützen und zu wahren. Lévinas sieht einen grundlegenden menschlichen Impuls darin, dem Gegenüber ins Antlitz zu schauen. Das Antlitz des Gegenübers bleibt aber geheimnisvoll. In ihm bleibt die Spur des Göttlichen erahnbar, des Gottes, der in der jüdischen Tradition sein Geheimnis wahrt und auf die Frage „Wer bist du?“ rätselhaft antwortet: „Ich bin, der ich bin.“ Der Andere, dessen Antlitz ich gesehen habe, fordert mich heraus. Er fordert, so Lévinas, mein ethisches Handeln, unabhängig davon, ob ich ihn verstehe. Der Andere wird mir immer ein Geheimnis bleiben. Ein Verstehen des Anderen ist nur in Grenzen möglich; Respekt und Verantwortung für den Anderen sind aber zentral. Es gilt, das Unverständliche, Geheimnisvolle auszuhalten und den Respekt zu wahren.

Aus psychoanalytischer Sicht gilt dann auch, das Unverstandene, Geheimnisvolle, manchmal auch Ärgerliche und Nervende in der eigenen Person auszuhalten und zu respektieren. Menschen drängen schwierige Kindheits- und Lebenserfahrungen in das Unbewusste ab – Sigmund Freud hat das Unbewusste als das innere Ausland bezeichnet. Es gilt, auch da, wo man sich selbst fremd ist, respektvoll mit sich umzugehen, die Fremdheit in sich wahrzunehmen und anzunehmen. Nur wer mit sich selbst respektvoll umgeht, kann auch andere mit Respekt behandeln. Wer das Fremde, Schwierige in seiner Person nicht als das Eigene, zu ihm Gehörige akzeptiert, verdrängt es und projiziert es auf andere: Wenn wir Fremde bekämpfen, kämpfen wir gegen unser Unbewusstes, so die aus Bulgarien stammende Psychoanalytikerin Julia Kristeva. Die Fremdheit in sich selbst aufzuspüren und anzunehmen, ist nach Kristeva vielleicht die einzige Art, sie draußen nicht zu verfolgen.

Neben dem Respekt gehört Empathie zu den zentralen Fähigkeiten professioneller interkultureller Kompetenz. Empathie bezeichnet die Fähigkeit, seine eigenen Gedanken, Gefühle und Bedürfnisse eine

Zeit lang zurückzustellen und in dieser Zeit beim Anderen zu sein und dessen Gedanken, Gefühle und Bedürfnisse wahrzunehmen. Carl R. Rogers machte deutlich, dass Empathie keine beliebig einsetzbare und zeitweise verzichtbare Technik ist, sondern eine persönliche Haltung und Einstellung darstellt. Sie korrespondiert mit Echtheit und Authentizität. Empathisch ist, wer sich aufrichtig um nicht wertendes Verstehen bemüht, das von einem tiefen Respekt gegenüber dem Anderen gekennzeichnet ist. Es ist der Versuch, in der Lebenswelt des Anderen heimisch zu werden. Der Andere macht dann die Erfahrung, wirklich gehört zu werden. Dabei werden die eigenen Wertvorstellungen nicht aufgegeben, aber die eigene Position tritt zurück, um dem Anderen Raum zu geben. Dies kann nur im Kontext von Authentizität und Ehrlichkeit geschehen.

Es ist möglicherweise für eine feministisch geprägte deutsche Sozialarbeiterin nicht leicht, mit Männern aus Gesellschaften zu arbeiten, die sehr stark patriarchalisch geprägt sind. Wenn in einem Beratungsgespräch ein türkischer Vater über seine Erziehungsmethoden gegenüber den Töchtern berichtet, die der Beraterin als sehr rigide erscheinen, kann es sinnvoll sein, dass die Beraterin ihre eigene Irritation thematisiert: „Mir fällt es schwer, Sie zu verstehen, aber vielleicht können Sie mir erklären, warum Sie so denken." Es geht um eine ehrlich anteilnehmende Neugier, die es gestattet, sich von sich selbst und den eigenen Vorstellungen zu lösen. Von den eigenen Vorstellungen sich zu lösen und sich ganz auf den Anderen einzulassen, fällt aber dann schwer, wenn in einer Situation Stress, Aggressions- oder Angstgefühle übermächtig sind. Wir verlieren unsere Fähigkeit, uns in andere Menschen hineinzuversetzen, wenn wir in eigenen Bildern und Gefühlen gefangen sind. Deshalb ist es für Fachkräfte in der Sozialen Arbeit so wichtig, dass eine Auseinandersetzung mit den eigenen Prägungen und Gefühlen stattfindet und dass die aus der Lebensgeschichte herrührenden Belastungen aufgearbeitet werden. Der Supervision kommt diesbezüglich im Studium wie im Berufsleben eine wichtige Rolle zu.

Gepaart mit Empathie gehört auch die Konfliktfähigkeit zu den Fähigkeiten professioneller interkultureller Kompetenz. Konfliktfähigkeit bezeichnet die Bereitschaft, mit dem Gegenüber in eine ehrliche

Auseinandersetzung zu treten, unangenehme Dinge zu sagen und für die eigene Position einzustehen. Dies soll im Respekt und mit Empathie der anderen Person gegenüber geschehen. Empathie und Konfliktfähigkeit bilden somit eine Einheit. Zur Konfliktfähigkeit gehört auch die Bereitschaft, in der Auseinandersetzung mit anderskulturellen Partnern das Risiko einzugehen missverstanden zu werden. Auf der Basis von gewachsenen Vertrauensbeziehungen kann man dem Partner unangenehme Sichtweisen zumuten. Probleme werden dann nicht tabuisiert.

In der Regel ist es so, dass eine Person entweder eine Stärke im empathischen Zuhören oder im deutlichen und klaren, von Respekt geprägten, Konfrontieren hat; selten sind beide Fähigkeiten gleich stark ausgeprägt. Es kommt für Fachkräfte in der Interkulturellen Arbeit darauf an, beide Fähigkeiten zu entwickeln: die jeweils eigene Stärke zu vertiefen und die weniger starke Seite auszubauen.

Landläufig gibt es die Auffassung, jemand habe bestimmte Haltungen oder er habe sie eben nicht. Für die Interkulturelle Arbeit gilt, dass Fachkräfte bestimmte Grundhaltungen, wie die des Respekts, der Empathie und der Konfliktfähigkeit, von vorneherein mitbringen müssen, aber diese Fähigkeiten hat man nicht ein für alle Mal; es ist wichtig, sie zu pflegen, zu vertiefen und zu erweitern.

Das hier vorgelegte Handbuch ermöglicht es Fachkräften, die mit ausländischen Studierenden arbeiten, ihre eigenen Zugangsweisen kritisch zu hinterfragen und neue Impulse für die eigene Arbeit zu bekommen. Mich haben Bernhard Essers Reflexionen überzeugt – die Mischung von ganz authentisch berichteten Begegnungen, von theoretischen Einordnungen und praktischen Handlungsvorschlägen macht das Handbuch zu einer wichtigen Informationsquelle für alle, die mit ausländischen Studierenden arbeiten.

Prof. Dr. Josef Freise

1

1. Einleitung

Im Jahr 2008 waren von den 1.941.405 an deutschen Hochschulen eingeschriebenen Studenten 233.606 ausländischer Nationalität, was etwa 12 % aller Studenten entspricht. 177.852 waren Bildungsausländer und 55.754 Bildungsinländer (DAAD 2009). Diese Internationalisierung des Studiums bietet enorme Chancen der Horizonterweiterung für alle Beteiligten.

Die Bildungsausländer aus Schwellen- und Entwicklungsländern kommen mit ambivalenten Gefühlen nach Deutschland. Einerseits freuen sie sich auf die neue Herausforderung. In der Heimat erbrachten sie die notwendigen Vorleistungen und sind zuversichtlich, die Anforderungen in Deutschland bewältigen zu können. Andererseits sind sie verunsichert, da sie auf die Eingebundenheit in die sozialen Strukturen ihrer Heimat verzichten und nicht wissen, was sie in Deutschland erwartet.

Ausländische Studenten werden je nach der Schule, an der sie die Hochschulzugangsberechtigung erworben haben, als *Bildungsausländer* oder *Bildungsinländer* bezeichnet.
Bildungsausländer sind „Staatsangehörige eines anderen (nicht des deutschen) Staates, die ihre Hochschulzugangsberechtigung an einer auslän-

dischen (nicht deutschen) Schule – teilweise ergänzt durch den erfolgreichen Besuch eines deutschen Studienkollegs – erworben haben“ (HIS 2004, S. 2). Bildungsausländer sind z.B. europäische Studenten, die als „Programmstudenten“ (z.B. „Erasmus Stipendium“) für einen kurzen Zeitraum in Deutschland studieren, ebenso wie die Studenten aus einem Entwicklungsland. „Bildungsinländer dagegen sind Staatsangehörige eines anderen (nicht des deutschen) Staates, die ihre Hochschulzugangsberechtigung an einer deutschen Schule oder durch Begabten- bzw. Eignungsprüfung an einer deutschen Schule erworben haben“ (ebd., S. 2).

Dieses Buch beschreibt die Lebens- und Studiensituation vieler ausländischer Studenten. Es gibt Beispiele von gelingendem Aufenthalt und erfolgreichem Abschluss. Viele Bildungsausländer erfahren hier aber auch schmerzlich, was es heißt, als Fremder in einem anderen Land zu leben und zu studieren. Ihre Grenzen erfahren sie als Folge ihrer Lebens- und Studienbedingungen, ihrer finanziellen Möglichkeiten oder durch ihre kulturell und religiös anders geprägte Wahrnehmung.

„Wer getragen wird, weiß nicht, wie weit die Stadt entfernt ist.“
Nigerianisches Sprichwort

Das Buch wendet sich besonders an alle Personen, die in den Hochschulen als Studierende, in der Lehre, in den Akademischen Auslandsämtern, in den unterschiedlichen Verwaltungen, bei den kommunalen Ausländerbehörden und besonders in der Beratung von Menschen aus anderen Kulturkreisen begegnen. Jede Begegnung zwischen Menschen kann zu Irritationen führen. Die Möglichkeit, dass Kommunikation misslingt, besonders in der interkulturellen und interreligiösen Begegnung, ist immer gegeben. Dieses Buch entstand aus der Erfahrung und Überzeugung: Für eine gelingende Kommunikation ist es notwendig, dass der Andere in seiner Andersartigkeit wahrgenommen und respektiert wird. Aus dieser Einstellung heraus kann sich Vertrauen aufbauen und es können unterschiedliche Positionen ausgetauscht und unterschiedliche Normen und Werte reflektiert werden.

Die Ausführungen können auch für Leser von Gewinn sein, die in ganz anderen beruflichen Bereichen mit Kolleginnen und Kollegen arbeiten oder mit Geschäftspartnern und Kunden, die einen anderen kulturellen und religiösen Hintergrund haben.

In Deutschland gibt es 265 Hochschulgemeinden an den Hochschulstandorten (125 Katholische Hochschulgemeinden oder Hochschulzentren und 140 Evangelische Studierendengemeinden). Daneben gibt es noch zahlreiche Wohnheime mit ca. 10.000 Wohnheimplätzen für Studenten in Katholischen Wohnheimen. In den Hochschulgemeinden wird die Internationalisierung des Studiums erfahrbar, da in ihnen Menschen mit unterschiedlichem sozialem, religiösem, kulturellem und ethnischem Hintergrund aufeinandertreffen. In ihnen ist Horizonterweiterung durch Selbst- und Fremdreflexion möglich.
Hochschulen und Hochschulgemeinden sind Orte, an denen interkulturelle, intra- und interreligiöse und interdisziplinäre Dialoge stattfinden.

Einen Schwerpunkt der Arbeit in den Hochschulgemeinden bildet die kultursensitive Beratung. Die Schwierigkeiten, Grenzen und Chancen werden in diesem Buch aufgezeigt und Anregungen für die Beratungstätigkeit gegeben.

> Wenn nicht ausdrücklich anders erwähnt, steht Hochschulgemeinde für Katholische Hochschulgemeinde, Katholische Studentengemeinde, Evangelische Studierendengemeinde und Hochschulzentrum.

Was finden Sie in diesem Buch?

Nach dem ersten Kapitel „Einleitung“ stellt das zweite Kapitel unter „Wirklichkeitskonstruktion ausländischer Studenten“ eine Beschreibung der Lebens- und Studiensituation der ausländischen Studenten dar, die als sogenannte „free mover“ aus Entwicklungs- und Schwellenländern zum Studium nach Deutschland eingereist sind. Darin werden Ergebnisse der 18. Sozialerhebung des deutschen Studentenwerks (DSW), des Deutschen Akademischen Austausch Dienstes (DAAD) und des Hochschulinformationssystems (HIS) dargestellt.
Durchgängig werden in diesem Buch die Ergebnisse verschiedener Untersuchungen mit Informationen und zahlreichen Beispielen aus der Beratungspraxis ergänzt. Dies erhöht die Chance, die Lebens- und Studiensituation der ausländischen Studentinnen und Studenten besser zu verstehen und zeigt die Vielfalt der in der kultursensitiven Beratung angesprochenen Themen auf.

Das dritte Kapitel „Kultursensitive Beratung“ beleuchtet die Beratungspraxis aus der Perspektive der Ratsuchenden und der Berater. Der Auftrag zur Beratung und das psychische Erleben vor und während des Beratungsgespräches für den Ratsuchenden und den Berater werden erläutert und die notwendigen Kompetenzen für eine gelingende Beratung aufgeführt. Hier werden Ergebnisse meiner Befragung von Kolleginnen und Kollegen 2008 aufgeführt, die in der interkulturellen und interreligiösen Arbeit und der kultursensitiven Beratung in Hochschulgemeinden tätig sind. Inhalte waren u.a. die interkulturellen und die interreligiösen Angebote. Der besondere Schwerpunkt lag in den Inhalten der Beratung. In diesem Teil wird auch auf Erfahrungen aus der Arbeit mit Migranten Bezug genommen.

Im vierten Kapitel „Dialog- und Lernräume“ werden die Voraussetzungen für einen gelingenden interkulturellen, interreligiösen und interdisziplinären Dialog beschrieben. Die Notwendigkeit und positiven Auswirkungen von interkulturellen Begegnungen und des offenen Angebotes zum Dialog mit Muslimen wird hervorgehoben. Es stellt die Hochschulgemeinden als Orte der Begegnung vor.

Anschließend wird anhand der Veröffentlichung des Deutschen Akademischen Austausch Dienstes (DAAD) die Dialogbereitschaft deutscher Studentinnen und Studenten mit ausländischen Studentinnen und Studenten aufgezeigt. Im fünften Kapitel wird ein Fazit gezogen.

Im Folgenden wird zur besseren Lesbarkeit die männliche Form verwendet. Diese Form gilt selbstverständlich und grundsätzlich für beide Geschlechter. Die weibliche Form wird dort gesetzt, wo sich der Text eindeutig auf Frauen bezieht.

Berichte
In diesem Buch sind Berichte von ausländischen Studentinnen und Studenten aufgeführt, die dem Autor zu dem Thema: „Meine Erfahrungen in Deutschland“ zugesandt wurden. Sie wurden gering redaktionell überarbeitet. Die Autoren der Berichte studieren in Köln.

2

2. Wirklichkeitskonstruktion ausländischer Studenten

Ein Adler hörte einst viel Rühmens von der Nachtigall und hätte gern Gewissheit gehabt, ob alles auf Wahrheit beruhe. Darum schickte er den Pfau und die Lerche aus. Sie sollten ihr Federkleid betrachten und ihren Gesang belauschen. Als die beiden wiederkamen, sprach der Pfau: „Der Anblick ihres erbärmlichen Kittels hat mich so verdrossen, dass ich ihren Gesang gar nicht gehört habe." Die Lerche sprach: „Ihr Gesang hat mich so entzückt, dass ich ihr Federkleid gar nicht beachtet habe."

Fabel von Rudolf Kirsten

Die Bezeichnung „Wirklichkeitskonstruktion" wird in diesem Zusammenhang benutzt, da jede Eigen- oder Fremdbeschreibung von Lebenswelt und Studiensituation eine intersubjektive Beschreibung des Wahrgenommenen ist. Realität existiert nur innerhalb unserer Wahrnehmungen und kognitiven Verarbeitung und wird „entlang unserer kognitiven Strukturen entworfen" (Radice von Wogau 2004, S. 54).

„Der Fremde ist blind, auch wenn er Augen hat."
Arabisches Sprichwort

In den Hochschulen, den Wohnheimen der Studentenwerke und Freien Träger und den Hochschulgemeinden treffen Menschen mit wenig Erfahrungen als Fremder, mit Migrationshintergrund und die, die im Rahmen der Globalisierung zu Bildungszwecken nach Deutschland gekommen sind, aufeinander.

Begegnungen mit Menschen einer anderen kulturellen, ethnischen und religiösen Herkunft können zu Irritationen führen. Manchmal berichten Bildungsausländer von Zusammenhängen, von denen viele Bildungsinländer noch nie gehört haben und die sie kaum für möglich halten.

Als Beispiele seien hier angeführt: Ein 21-jähriger Student aus Mali wird als der älteste männliche Enkel nach dem Tod seines Großvaters Chef seines Dorfes mit fast 200 Einwohnern. Das heißt: Alle wichtigen Entscheidungen, wie Hochzeiten und Verkauf von Land, bedürfen seiner Zustimmung, die telefonisch bei ihm abgefragt wird. Für mindere Entscheidungen hat er seine Stellvertreter vor Ort. Hinzu kommt, dass die beiden Ehefrauen des Großvaters, seine über 60 Jahre alten Großmütter, durch den Tod des Großvaters traditionell seine Ehefrauen werden.

In den Jahren meiner Beratungstätigkeit lernte ich Menschen kennen, deren Schicksale von Umständen geprägt waren, in deren Ausmaß ich mich nur schwer hineinversetzen konnte.

Anfang der neunziger Jahre waren es die Studenten aus dem Iran und dem Irak, die als Jugendliche im ersten Golfkrieg (Iran gegen den Irak) sehr Erschütterndes als Soldat erlebt hatten. Mir begegneten auch Studenten, die als direkt Betroffene durch persönliches Erleben oder indirekt dadurch, dass Verwandte davon betroffen waren, in Bürgerkriege hineingezogen wurden.

Ein Beispiel dafür ist, wie eine Studentin, die vor über 15 Jahren im Genozid von Ruanda als junges Mädchen verfolgt wurde, erleben musste, wie die Mutter und andere Frauen vergewaltigt wurden, wie Nachbarn andere Nachbarn „abschlachteten" etc. Große Sorgen macht sie sich zurzeit um ihren Vater, der in der Heimat politisch aktiv ist und dafür Morddrohungen erhält. Damit sie sich hier auf ihr Studium konzentrieren kann, lebt ihre zwölfjährige Tochter bei den Eltern in der Heimat.

Auch kenianische Studenten erreichten Ende 2007/Anfang 2008 erschreckende Meldungen aus der Heimat: Aufgewiegelte Menschen gingen dort auch wieder mordend und plündern aufeinander los, noch brutaler als nach den letzten Wahlen in Kenia.

Ich bin immer wieder erstaunt, dass diese Menschen mit ihren außergewöhnlichen Erlebnissen, ihren Sorgen um ihre Angehörigen und ihren Schwierigkeiten in Deutschland noch die Kraft aufbringen, hier erfolgreich zu studieren.

Aber man erfährt nicht nur von dramatischen Lebenswegen, die durch Bürgerkriege oder Unruhen, Terror und Kriege bestimmt sind, sondern auch von Dingen und Ereignissen, die einem sehr unwahrscheinlich vorkommen. Manchmal berichten Bildungsausländer von Heilungsprozessen, die sie als Kinder oder Heranwachsende erlebten, bei denen Menschen, als Heiler, Schamanen oder auf andere Weise benannt, Unvorstellbares bewirkten – unvorstellbar für unseren Erfahrungshorizont. So wurde z.B. von einem Unfall berichtet, der einen offenen Unterarmbruch zur Folge hatte – und wie dieser durch einen Heiler allein durch Besprechungen und Berührungen des Unterarmknochens eines Verstorbenen in seine ursprüngliche Position zurückging und der Arm wieder heilte.

Viele solcher und ähnlicher Berichte habe ich in den Beratungsgesprächen gehört, und jeder, der Kontakt zu Menschen aus anderen Kulturen hat, kann mannigfache Beispiele aus Begegnungen schildern, in denen Fremde einen Einblick in ihr Leben gewährten.

2.1 Gründe für das Studium in Deutschland

„Niemand weiß, was er kann,
wenn er es nicht versucht hat."
Publius Syrus

Es gibt zahlreiche Gründe für ausländische Studenten, das Wagnis einzugehen, die Familie, die Freunde, den Kulturraum mit den Normen und Werten, den Festen und Feiern, die Heimat mit den Kindheits- und Jugenderinnerungen an Klima, Vegetation, Essen etc. zu verlassen und das Studium in Deutschland zu beginnen.

Aus den Gesprächen ist bekannt, dass viele Bildungsausländer aus Entwicklungsländern den Entschluss zu einem Auslandsstudium in der Jugend getroffen haben. Die ältesten Söhne und Töchter sollen und wollen durch einen baldigen Studienabschluss und anschließender gut bezahlter Arbeit die Ausbildung jüngerer Geschwister finanzieren. Die meisten Eltern machen sich durch einen guten Studienverlauf Hoffnung auf eine gute finanzielle Versorgung im Alltag und im Alter.

Das Deutsche Studentenwerk hat als Gründe für ein Studium in Deutschland bei den Bildungsausländern u.a. ermittelt (DSW 2008, S. 29 f.):

- Vertiefung der deutschen Sprachkenntnisse 70 %,
- Erwerb spezieller Fachkenntnisse 68 %,
- Leben und Erfahrungen sammeln und Bewährung in einer fremden Umgebung, einer anderen Kultur 65 %,
- Studienbedingungen und Ausstattung der Hochschulen sind besser als in der Heimat 64 %,
- Erwerb eines deutschen Abschlusses in der Hoffnung, dass sie nach der Rückkehr in der Heimat bessere Berufschancen haben 58 %,
- Kennenlernen anderer Lehr- und Lernformen 56 %,
- Hoffnung, durch eine Arbeitsmöglichkeit die Finanzierung des Studiums teilweise zu schaffen 44 %,
- Aufbruch aus der Enge der Familie, der Gesellschaft 33 %.

Aus der Beratung sind als Gründe zu ergänzen:

- Ein Studium ist in der Heimat wegen fehlender Studienplätze nicht möglich. Der Staat kürzt bzw. muss als Auflage von Weltbank und WWF wegen hoher Auslandsverschuldung oft Ausgaben im Sozialbereich kürzen, wozu auch Bildung zählt.
- Studienplätze werden nur an „besondere“ Personen mit entsprechenden Beziehungen oder politischem Background vergeben.
- Private Universitäten sind in vielen Ländern besser ausgestattet und in Forschung und Lehre besser als die öffentlichen Universitäten. Sie erheben meist hohe Studiengebühren. Das bedeutet eine schichtabhängige Selektion, da Kinder aus finanzschwachen Haushalten diese Universitäten nicht besuchen können.
- Wegen der politischen Situation, Unruhen oder Streiks findet der Lehrbetrieb nur unregelmäßig statt.

- In Deutschland sind erst seit wenigen Jahren in einigen Bundesländern Studienbeiträge bis zu 500 € pro Semester zu zahlen. Die Gebühren sind in den meisten Industrieländern höher.
- Der Zugang zu Hochschulen anderer Länder erwies sich als zu schwierig oder gar unmöglich.

2.2 Bildungsausländer – Bildungsinländer

2.2.1 Zugangsvoraussetzungen für Bildungsausländer

Der rechtliche Aufenthalt der Bildungsausländer ist unter §16 des „Zuwanderungsgesetzes" („Gesetz zur Steuerung und Begrenzung der Zuwanderung und zur Regelung des Aufenthalts und der Integration von Unionsbürgern und Ausländern" - siehe BMI Zuwanderungsgesetz) definiert. Viele Bildungsausländer benötigen für die Einreise zum Studium ein Visum. Ausnahmen sind im Migrationsbericht 2006 (BMI 2007b, S. 54) aufgeführt. Das Visum erhalten sie bei der zuständigen deutschen Auslandsvertretung. Zur Antragstellung benötigen sie in der Regel den Zulassungsbescheid „einer deutschen Hochschule oder eine anerkannte Hochschulzugangsberechtigung, zusammen mit einer vollständigen Bewerbung sowie einen Nachweis über die Finanzierung des ersten Studienjahrs und einen Nachweis über einen Krankenversicherungsschutz" (ebd., S. 54 f.) Der Nachweis zur Finanzierung kann durch eine schriftliche Erklärung eines Bürgen erbracht werden oder durch Hinterlegung einer Summe von 6.000-10.000 € bei einer Bank.

2.2.2 Sprachkenntnisse und Studienkolleg

Bildungsausländer müssen vor der Aufnahme des Studiums den Nachweis von ausreichenden Deutschkenntnissen erbringen, bis auf wenige Ausnahmen bei englischsprachigen Studiengängen. Die Sprachkenntnisse können in der Heimat erworben sein und durch eine Prüfung hier bestätigt werden oder durch den erfolgreichen Besuch von Sprachkursen in Deutschland.

Ungefähr ein Drittel der Bildungsausländer, die als Studienanfänger nach Deutschland kommen, haben keine ausreichende Hochschulzugangsberechtigung. Daher müssen sie ein einjähriges Studienkolleg besuchen. Der erfolgreiche Abschluss des Studienkollegs ermöglicht einen Notenvergleich der Schulabschlüsse von Bildungsinländern und Bildungsausländern. Mit der Bewerbung zum Studienkolleg müssen sich die Studenten allerdings schon auf einen Studienschwerpunkt festlegen. Das Studienkolleg bildet eine wichtige Eingliederungshilfe in das deutsche Hochschulsystem. Umso unverständlicher ist die Schließung der Studienkollegs in NRW.

Das Studienkolleg bereitet die Bildungsausländer auf dieses Studium vor. Sollte sich während des Studiums herausstellen, dass die Inhalte nicht den Vorstellungen entsprechen oder zu schwierig sind, ist ein Fachwechsel nach dem zweiten Semester rechtlich für die Bildungsausländer nur möglich, wenn bereits erworbene Scheine im neuen Studiengang anerkannt werden. Ist dies nicht der Fall, droht bei einem Fachwechsel die Ausweisung, da das Visum nur zweckgebunden für ein bestimmtes Fach ausgestellt ist und bei einem späteren Wechsel nicht verlängert werden muss (DAAD 2004, S. 107 f.).

Erster Bericht: F. O., Student aus Kenia

Verständnisvolle Leute und Leute mit Geduld besonders mit jemandem, der die Sprache nicht kann

„Als Ausländer, der gerade eine Sprache lernt, versucht man immer wieder in Gespräche mit anderen Leuten zu kommen. Aufgrund der Sprachschwierigkeit ist es meistens schwierig, mit Leuten zu kommunizieren, die keine Geduld haben, da man etwas länger braucht, um die Sätze zu konstruieren. Ich habe das Glück gehabt, besonders in der Burse (KHG Wohnheim) mit Leuten unterzukommen, die gerne meine Sprache korrigiert haben und immer wieder mir zugehört haben. Dadurch habe ich meine Sprache verbessern können.“

Arbeit und Studium

„Für die Studenten, die sich selber finanzieren, ist es meistens der Fall, dass man sich entscheiden muss, wann man arbeiten kann und wann man zur Universität gehen soll. Manchmal kommt es dazu, dass man beides ganz nötig hat. Da das Studium vorgeht, ist es vorteilhaft, einen Chef zu haben, der es versteht, dass man in erster Linie ein Student ist. Da habe ich auch Glück gehabt, Arbeitgeber zu haben, die das voll verstanden haben und mir immer wieder freigegeben haben, wenn es um die Uni ging. Dadurch habe ich mein Studium und die Arbeit einigermaßen koordinieren können."

ORGANISATION

„Wenn man in ein fremdes Land hingeht, ist es manchmal der Fall, dass man einen Ort sucht, wo man sich wohlfühlen kann und wo man den Leuten von Anfang an vertrauen kann. In meinem Fall habe ich eine Kirche gesucht, da ich mich auch in Kenia viel in Kirchengemeinden engagiert habe. Dadurch habe ich KHG kennengelernt, deren Mitarbeiter und Gemeindemitglieder mich in mehrerer Hinsicht unterstützt haben und für mich dagewesen sind."

STUDIUM

„Ein Studium in einer Fremdsprache ist nicht so einfach. Manchmal ist es so, dass man in einer Vorlesung etwas nicht versteht. Schön finde ich, wenn Professoren immer bereit sind, auf die Fragen der Studenten einzugehen und auch außerhalb der Sprechstunde immer noch ansprechbar sind. (Ich habe einen Professor einmal an einem Sonntag angerufen, notfallmäßig, und er hat mir meine Fragen sehr fröhlich beantwortet.)"

SOZIALLEBEN

„Schwer, finde ich, ist das Sozialleben in Deutschland. Nichts Negatives, aber dadurch, dass wir als ausländische Studierende hier einzeln kommen. Es ist so schwer zum Beispiel, während der Feste, wenn jeder sich zurück zur Familie zieht und man als Einziger in einem Wohnheim bleibt. An sich ist die Familienverbindung sehr stark und das finde ich schön, nur, dass ich in dieser Zeit auf der anderen Seite stehe.

„Das Leben in Kenia ist etwas anders als hier. Dort findet das Leben mehr draußen statt und der Kontakt mit anderen Menschen ist sehr wichtig. Es ist ein Leben, wo man sich weit und breit kennt und Kontakte auf verschiedenen sozialen Ebenen bildet. Genau dieses Leben fehlt mir, abgesehen von meiner Familie und den Bekannten in Kenia. Mir fehlt ein Leben ohne Zeitstress, wo man nicht immer auf die Uhr gucken und ganzen Tag planen muss.

Gefragt, würde ich jemandem zum Studium nach Deutschland immer noch raten. Ich habe hier viel Positives erlebt und ich glaube, dass manche Dinge uns fremd sind, weil wir anderes erlebt haben, aber mit der Zeit gewöhnt man sich daran. Allerdings muss man die kulturellen Unterschiede erkennen und versuchen, die beiden Kulturen so zusammenzubringen, dass es ein harmonisches Beisammensein ermöglicht."

2.2.3 Statistische Angaben Bildungsausländer

Die Internationalisierung des Studiums durch ausländische Studenten und Dozenten kann zur Erweiterung der Interkulturellen Kompetenz und des Horizonts aller führen. Im WS 2006/2007 studierten ca. 1.979.000 Studenten in Deutschland. Ca. 246.400 waren ausländischer Nationalität, wovon ca. 58.000 Bildungsinländer und 188.400 Bildungsausländer waren. Von den Bildungsausländern stammten über 25.600 aus China, 11.800 aus Bulgarien, 11.700 aus Polen, 10.000 aus der Russischen Förderation und 7.200 aus der Türkei (Statistisches Bundesamt 2007, S. 16, 25 f.). Die anderen Bildungsausländer stammten aus Europa (96.588), aus afrikanischen (20.842), asiatischen (34.284 – außer China) und mittel- und südamerikanischen Ländern (7.595). Die Zahlen stammen aus „Wissenschaft weltoffen 2007" und beziehen sich auf die Zahlen der Bildungsausländer von 2006. Im Durchschnitt der OECD-Länder lag der Anteil der ausländischen Studenten bei 8 % und in Deutschland bei ca. 12,5 % (Statistisches Bundesamt 2007, S. 16 und 25 f.).

Im Sommersemester 2006 hatten 136.000 Studenten einen Migrationshintergrund, dies waren die 58.000 Bildungsinländer, 16.000, die eine doppelte Staatsangehörigkeit hatten und 62.000, die eingebürgert waren (DSW 2007, S. 434).

Ausführliche Angaben über die Situation der ausländischen Studenten in Deutschland finden sich in dem 2008 veröffentlichten Bericht des Deutschen Studentenwerks: „Internationalisierung des Studiums", aus dem im Folgenden berichtet wird (DSW 2008).

Die Einteilung der Herkunftsländer der Studenten richtet sich nach folgenden Kriterien der Weltbank nach Wirtschaftskraft (Pro-Kopf-Einkommen pro Jahr). Die Weltbank unterscheidet dabei folgende Gruppen:

Pro-Kopf-Einkommen	Bezeichnung
bis 875 Dollar	low income
876 bis 3.465 Dollar	lower middle income
3.466 bis 10.775 Dollar	upper middle income
über 10.775 Dollar	high income

(DSW 2008, S. 11)

Somit fallen die sogenannten Entwicklungsländer unter die Einkommensgruppen „low income" und „lower middle income".

- Von den Bildungsausländern stammten 2006 49 % aus einem Entwicklungsland, 30 % aus einem Schwellenland und 21 % aus einem Industrieland.
- Ausländische Studenten, die ihren Studienaufenthalt in Deutschland selbst organisiert haben (85 %), werden im Gegensatz zu den Programmstudierenden als free mover bezeichnet (ebd., S. 21).
- 80 % der free mover sind in einem Erststudium eingeschrieben, 18 % in einem postgradualen Studiengang und nur 2 % für ein Teilstudium.
- 51 % der free mover stammten aus Low- oder Lower-Middle-Income-Ländern.

- Der Anteil aller Stipendiaten (Bildungsausländer) verteilt sich zu 26 % auf Studenten aus Low-Income-Ländern, zu 10 % aus Lower-Middle-Income, zu 23 % aus upper-middle und zu 37 % auf High-Income-Ländern.

Bei Bildungsausländern mit entsprechendem Pro-Kopf-Einkommen im Herkunftsland ergibt sich folgendes Bild aller Stipendiaten (in %):

Pro-Kopf-Einkommen	Erststudium	Postgradual	Teilstudium
low income	7	20	1
lower middle income	23	28	11
upper middle income	23	29	11
high income	33	23	58

(DSW 2008, S. 19)

- Die Mehrheit der Ratsuchenden in den Hochschulgemeinden sind free mover und müssen zur Finanzierung ihres Aufenthaltes neben dem Studium arbeiten.
- Das Durchschnittsalter der Bildungsausländer betrug 26,3 Jahre. Bildungsausländer im Erststudium waren im Durchschnitt 26,2 Jahre, die im Teilstudium 23,9 Jahre und im postgradualen Studiengang 28,1 Jahre (ebd., S. 21).
- Die Mehrheit der 2006 in Deutschland studierenden Bildungsausländer (60 %) stammte aus einem Elternhaus, in dem mindestens ein Elternteil ein Hochschulstudium absolviert hat. Ca. 50 % der deutschen Studenten stammten aus einem entsprechenden Elternhaus, bei Studenten aus Entwicklungsländern lag der Anteil bei 62 % (ebd., S. 23). Es gibt jedoch auch immer wieder Bildungsausländer, deren Eltern Analphabeten sind.

2.3 Soziales und psychisches Erleben von Bildungsausländern

Meist informierten sich die Bildungsausländer bei aktuellen oder ehemaligen Studenten oder im Internet (z.B. Homepage des DAAD) über das Leben in Deutschland. Nach der Ankunft suchen sie in der Regel verständlicherweise Kontakte mit hier schon lebenden Landsleuten, da sie sich dadurch emotionale Sicherheit und Eingliederungshilfen versprechen. Gemeinsam ist den meisten, dass sie zwar mit Schwierigkeiten in Deutschland gerechnet haben, jedoch von deren Ausmaß oft geschockt sind.

Während sie in der Vorstudienphase – Deutschkurs und Studienkolleg – gemeinsam mit anderen Bildungsausländern unterrichtet werden und den größten Teil ihrer Freizeit verbringen, treffen sie mit Beginn des Studiums auf eine ganz andere Realität. Sie stehen in Konkurrenz mit deutschen Studenten und Bildungsinländern, die eine bessere soziale und sprachliche Kompetenz besitzen. Durch Studium und Aufenthalt in Deutschland wird den ausländischen Studenten die Andersartigkeit ihrer Heimat bewusst. Die in der Heimat erworbenen individuellen und soziokulturellen Handlungskompetenzen sind auf die vorgefundene Situation nur bedingt übertragbar.

Für alle Studenten ist das Eingebundensein in Netzwerke als soziales Stützsystem zur Bewältigung der Anforderungs- und Belastungssituationen sehr wichtig, besonders im Ausland. Deutsche und Bildungsinländer scheinen am Studienort schneller als Bildungsausländer Bekanntschaften zu schließen, aus denen sich Freundschaften und Netzwerke ergeben. Nur etwa die Hälfte der Bildungsausländer scheinen keine Integrationsprobleme zu haben, während sich 33 % fremd in Deutschland fühlten. Bildungsausländer aus Ostasien, Afrika und den Arabischen Ländern haben besonders häufig Schwierigkeiten und das Gefühl des Fremdseins (Heublein 2009, S. 7). Deutsche Studenten und Bildungsinländer haben mehr Orientierung als Bildungsausländer. Sie sind vertrauter mit der Sozialstruktur, den organisatorischen Notwendigkeiten im Alltag und den Möglichkeiten von Beratung und Hilfe. Auf welche Gegebenheiten die Bildungsausländer aus Schwellen- und Entwicklungsländern stoßen und wie ihr soziales und psychisches Erleben ist, wird in den folgenden Ausführungen mit Beispielen aus der Beratungspraxis verdeutlicht.

Zweiter Bericht: W. H., Studentin aus Marokko

Der Anfang war schwer

„Als ich nach Deutschland kam, war ich 19 Jahre alt. Es sah alles anders aus, hinsichtlich meiner Vorstellungen über das Leben in Deutschland.

Freiheit ist das, worauf ich mich am meisten gefreut habe. Neue Kultur, neues Leben, neue Freunde! An Schwierigkeiten oder Probleme habe ich erstmal gar nicht gedacht.

Kurz nach meiner Ankunft habe ich das Studienkolleg besucht. Ich kann mich noch dran erinnern, dass ich kein einziges Wort im Unterricht verstanden habe. Nach ungefähr zwei Monaten habe ich festgestellt, dass ich nur Fünfen in den Minitests bekommen habe. Der Grund dieser schlechten Leistung war, dass ich davor keinen Sprachkurs in Deutschland besucht habe.

Ich musste schnell eine Lösung finden. Denn sonst wären meine Eltern von mir enttäuscht. Außerdem, es kostet ja alles Geld, das ich erstmal von den Eltern bekommen habe. Ich habe angefangen, jeden Abend alles zu übersetzen, was wir machten.

Nach einer gewissen Zeit und ohne es zu merken, hatte sich meine Sprache besser entwickelt und auch mein Hörverständnis. Das Studienkolleg habe ich dann nach ein paar Monaten mit Erfolg bestanden. Ich musste schnellstmöglich einen Studienplatz finden.

Um irgendwo studieren zu können, muss man dort eine Wohnung finden. Das bedeutet, man bekommt heute eine Zulassung und muss nach einem Monat ungefähr dahin ziehen.

Aus finanziellen und psychischen Gründen musste ich darauf warten, bis eine Freundin bzw. damalige Mitbewohnerin, die in der Zeit noch den Sprachkurs besuchte, fertig war. Einerseits werde ich damit Geld sparen, anderseits muss ich nicht alleine bleiben.

Da das Gleiche sowieso auf sie wartete, war sie natürlich einverstanden. Und getroffen war Münster. Sie hatte es als Ziel gesetzt und ist einfach dahin gefahren und hat nach Möglichkeiten gefragt. So einfach kann das sein, wenn man es für einfach sehen will. Daraus habe ich gelernt, die Sachen nicht komplizierter zu machen, als die es sind. Ich hatte davor im Internet gesucht und habe dabei keinen Erfolg gehabt.

Als wir in Münster waren, war es erstmal ganz spannend für uns beide. Wir haben beide jeden Tag einander erzählt, was wir an dem Tag erlebt haben. Es waren Sachen, die ich heute im täglichen Leben erlebe und die mir ganz normal vorkommen.

Bis zu diesem Zeitpunkt waren wir, während ich das Studienkolleg besuchte, in einer ganz kleinen Stadt in Ostdeutschland und hatten kaum Konfrontation mit Menschen.

Wir trauten uns noch nicht mal ab 19 Uhr rauszugehen. Es wurde vom Direktor auch nicht empfohlen. Ich kann mich noch an die erste Woche erinnern, wo man uns gesagt hat, es wäre besser, wenn wir nicht spät nach draußen gehen würden und am besten gar nicht als Einzelläufer. Und doch stimmte es, denn ein paar Kommilitonen, die gerne nachts ausgehen, wurden in einer Nacht angegriffen.

Ich bin froh, dass ich nicht mehr da lebe. Die Atmosphäre dort war unangenehm. Doch im Studienkolleg war es eigentlich ganz nett.

Heute sieht alles anders aus. Ich habe inzwischen vieles gelernt. Das Leben war nicht einfach, doch ich habe nie die Hoffnung verloren.

Die schlimmsten Zeiten sind und waren, wenn ich krank war, denn in diesem Zeitpunkt fühlt man wirklich, wie einsam man ist."

2.3.1 Finanzielle Situation

Eine differenzierte Ausführung zur finanziellen Situation findet sich in dem 2008 veröffentlichten Bericht des Deutschen Studentenwerks (DSW 2008, S. 31-37).

62 % der Bildungsausländer trugen 2006 mit eigenem Verdienst (durchschnittlich 407 €) zur Finanzierung des Lebensunterhalts bei, gegenüber 55 % 2003 (ebd., S. 31). Bei den Bildungsinländern lag

der Anteil der jüngsten Studenten, die durch eigenen Verdienst ihren Lebensunterhalt mit bestritten bei 42 % (durchschnittlich 171 €) und bei den ältesten bei 79 % (durchschnittlich 651 €) (DSW 2007, S. 194).

Große Unterschiede waren in der Eigenfinanzierung der Bildungsausländer der Studienstatus. So mussten 71 % im Erststudium, 45 % im Zweitstudium und 38 % im Teilstudium zur Finanzierung ihres Lebensunterhaltes auch arbeiten gehen. Erwerbstätige graduierte Bildungsausländer verdienten ca. 521 € im Gegensatz zu 398 € bzw. 287 € derer im Erst- oder Teilstudium (DSW 2008, S. 32).

Bildungsausländer, die zur Absolvierung eines vollständigen Studiums nach Deutschland gekommen waren und aus Herkunftsländern mit niedrigem oder geringem mittleren Einkommen stammten, bestritten 47 % ihrer monatlichen Einnahmen aus eigenem Verdienst, 34 % wurden durch die Eltern getragen, 5 % durch ein Stipendium und 15 % durch übrige Quellen (ebd., S. 34).

Das Deutsche Studentenwerk ging von einem Anteil von 20 % der Bildungsausländer aus, die ihr Studium ausschließlich durch eigenen Verdienst finanzieren. „Diese Studierenden verfügen über einen durchschnittlichen Verdienst von 603 € im Monat" (ebd., S. 31).

> „Es ist kaum vorstellbar, dass die Bildungsausländer aus einkommensschwächeren Herkunftsländern in Deutschland ohne die Möglichkeit studieren könnten, den Studienaufenthalt mit eigenem Verdienst zu finanzieren. Ohne den eigenen Verdienst würden sich die monatlichen Einnahmen dieser Bildungsausländer [...] annähernd halbieren. Ihnen stünde dann ein Betrag zur Verfügung (327 € bzw. 311 €), mit dem eine angemessene Lebensführung in Deutschland auch bei geringsten Ansprüchen kaum zu realisieren ist" (ebd., S. 34).

Dies betraf statistisch gesehen 39 % aller Bildungsausländer. Haben die Bildungsausländer keine, eine unregelmäßige oder zu gering bezahlte Beschäftigung, ist die Belastung für sie entsprechend groß.

2006 lag die Erwerbstätigkeitsquote für die deutschen Studenten bei ca. 63 %, für die Bildungsausländer bei 68 %, 6 % mehr als 2003. Nach Herkunftsländern aufgeteilt, lag die durchschnittliche Erwerbstätigenquote 2006 bei den Studenten aus den Low- und Lower-Middle-Income-Ländern bei 73 % und bei den Upper-Middle-Income-Ländern bei 70 % (ebd., S. 36).

„Gut drei Viertel der Bildungsausländer im Erststudium geben an, dass sie während ihres Deutschlandaufenthaltes Probleme haben, ihren Aufenthalt zu finanzieren" (DAAD 2004, S. 110).

Zu beachten ist der unterschiedliche Lebensstandard zwischen Herkunfts- und Zielkultur. Man kann z.B. in Marokko in einer Kleinstadt für 250 € ein Haus mieten. In Köln beträgt die Miete für ein Zimmer zwischen 200-250 €. Der Durchschnittsverdienst in vielen Herkunftsländern liegt bei ca. 500 € für Akademiker im öffentlichen Dienst.

Nicht-EU-Studenten haben rechtliche Beschränkungen bei der Arbeitsaufnahme. Während des Deutschkurses und des Studienkollegs dürfen sie nur während der (Schul-)Ferien 90 ganze oder 180 halbe Arbeitstage im Jahr arbeiten. Während des Studiums entfällt die zeitliche Beschränkung auf die vorlesungsfreie Zeit. Die Anzahl der Arbeitstage bleibt. Bei 52 Wochen im Jahr bedeutet dies, weniger als zwei Arbeitstage pro Woche.

Die Anzahl der möglichen Arbeitstage hat sich trotz Einführung der Studienbeiträge nicht erhöht. Das bedeutet bei durchschnittlich 1.000 €, die ein Student durch sein Einkommen für die Studienbeiträge erwirtschaften muss, bei ca. 7 € Verdienst pro Stunde (scheint durchschnittlicher Lohn in der Gastronomie und für einfache Hilfstätigkeiten zu sein), dass er 143 Stunden = 18 Tage bei einer Arbeitszeit von 8 Stunden pro Tag arbeiten muss. So bleiben den Studentinnen und Studenten zur Finanzierung ihres Lebensunterhalts etc. noch 72 ganze Arbeitstage. Bei einem Einkommen von 7 € pro Stunde, einem Achtstundentag und 72 Arbeitstagen beträgt der durchschnittliche Verdienst pro Monat 336 €. Vereinzelt haben sie Möglichkeiten, etwas zusätzlich zu verdienen. Jedoch ist das Einkommen nicht regelmäßig. Die Miete beträgt in Köln ca. 200-250 €, der Krankenversicherungsbeitrag für bis 30-Jährige ca. 60 €, bei Älteren ca. 125 €. Lebensmittel, Haushaltswaren, Bücher, Studienbeiträge usw. müssen auch noch bezahlt werden. Studenten, die unter solchen Bedingungen ein Studium erfolgreich absolvieren, haben eine enorme Leistung vollbracht und verdienen sehr viel Respekt.

„Die Hoffnung treibt den Menschen jeden Tag zu neuem Schaffen an."
Ägyptisches Sprichwort

Beispiele aus der Beratungspraxis:

- Einige Studenten müssen bereits nach einigen Monaten ihren Aufenthalt allein finanzieren. Das bei der Bank hinterlegte und in bar eingeführte Geld ist entweder aufgebraucht für Miete, Kaution, Krankenkasse, Literatur, Anschaffungen usw. oder die Bürgen aus Familie/Clan/Dorf können oder wollen nicht mehr bezahlen, da sie eigene finanzielle Probleme wegen Erkrankungen, Arbeitslosigkeit usw. haben. Außerdem bekommen die Studenten zu hören, dass sie in dem reichen Deutschland ihren Aufenthalt wohl selbst finanzieren könnten.
- Finanzschwache Studenten, wozu auch viele Bildungsausländer aus einkommensschwachen Ländern zählen, fühlen sich vom sozialen Leben ausgeschlossen. Sie haben nicht ausreichend Geld, um mit Kommilitonen einen Kaffee oder im Sommer im Biergarten etwas trinken zu gehen. Essen gehen oder Kino- und Theaterbesuche sind ebenfalls zu teuer. Sie schämen sich, den anderen zu sagen, dass sie zu wenig oder kein Geld haben und daher nicht an den Aktivitäten der anderen teilnehmen können. Da das Eingeständnis der finanziellen Schwierigkeiten sehr schambesetzt ist, haben sie dann oft als Ausrede, dass sie leider jetzt keine Zeit haben für gemeinsame Freizeitaktivitäten, weil sie noch lernen müssten oder schon eine Verabredung hätten. Ihnen ist bewusst, dass sie lügen und sie schämen sich daher noch mehr.
- Bildungsausländer suchen oft vergebens eine feste Arbeit. Sie haben verstärkt den Eindruck, dass dies nicht nur an der wirtschaftlichen Situation in Deutschland, sondern an ihrem aufenthaltsrechtlichen Status und ihrer ethnischen und/oder religiösen Zugehörigkeit liegt.
- Fast alle, die zur Beratung kommen und einen Arbeitsvertrag haben, arbeiten auf der Basis einer geringfügigen Beschäftigung. Das Einkommen beträgt dann höchstens 400 €, meist jedoch weniger,

da sie oftmals nur auf „Abruf" beschäftigt sind. Durch Tagesjobs, wie Umzugshilfen, bessern sie ihr Einkommen auf.

- Unregelmäßige Einkünfte verunsichern die Studenten sehr. Sie können sich nicht auf ihr Studium konzentrieren, da sie nicht wissen, wie sie ihre notwendigen Ausgaben zahlen können und zudem oft mit Arbeitsuche beschäftigt sind. Der Gang zum Briefkasten ist für viele ein „Horrortrip", da sie mit weiteren Mahnungen rechnen.
- Der Zwang zu regelmäßig hoher Erwerbstätigkeit zur Finanzierung des Lebensunterhaltes, der Studienfinanzierung und die Studienverpflichtungen führten bei deutschen Studenten zu Überforderungen und zu Überlegungen, Studienfach oder Studienort zu wechseln oder das Studium aufzugeben (DAAD 2004, S. 106 f.). Umso mehr sind zahlreiche Bildungsausländer mit ihren zusätzlichen Schwierigkeiten überfordert. Sie sehen jedoch für sich kaum die Chance, Fach oder Ort zu wechseln, noch weniger das Studium freiwillig abzubrechen.
- Teilweise müssen Studenten vor der Arbeitsaufnahme in Cafés u.Ä. Praktika machen. Dies können 1-5 Tage der Beobachtung sein, ob sie für die Arbeit geeignet sind. Teilweise bekommen sie dann einen ablehnenden Bescheid. Wenn sie Glück haben, erhalten sie für die Arbeit einen angemessenen Lohn. Manchmal arbeiten sie allerdings für einen zu geringen Lohn oder erhalten gar nichts. Was das bedeutet, wenn einer dadurch eventuell auf die Teilnahme an Vorlesungen und Seminaren verzichtet hat und Fehlzeiten in Kauf nahm, die im Bachelorstudium begrenzt sind, kann man sich vorstellen.
- Meist hoffen die Studenten noch irgendwie auf eine Verbesserung ihrer Situation und zögern die Nachfrage um Hilfe sehr lange, manchmal zu lange hinaus. So kann es sein, dass Schritte wie Wohnungskündigung, Mahnverfahren oder gar Ausweisung schon eingeleitet wurden und nur schwer zu stoppen oder rückgängig zu machen sind, wenn sie zur Beratung kommen.

Armut und Hunger

In den letzten Jahren kommen immer mehr Studenten in die Beratung, die Hunger haben. Sie fragen um Geld für Essen oder um Freitischmarken des Kölner Studentenwerks, damit sie sich mal wieder satt essen können. Fehl- und Mangelernährung, wie sie früher nur von Berichten aus den Herkunftsländern vieler Bildungsausländer bekannt waren, sind immer mehr in Deutschland zu beobachten. Dies betrifft neben den Empfängern von Arbeitslosengeld II oder Sozialgeld auch immer mehr ausländische Studenten. Da viele Studenten nicht genügend Geld für eine ausgewogene Ernährung haben, essen einige morgens, mittags und abends z.B. Reis mit Tomaten aus der Dose oder Ähnliches. Hauptsache, es ist preiswert. Selten gibt es Gemüse und/oder Fleisch/Fisch. Von ausgewogener Ernährung mit Mineralien und Vitaminen kann nicht die Rede sein. Die Auswirkungen sind u.a. Konzentrationsschwäche und mangelnde Belastbarkeit.

In den Hochschulgemeinden gibt es Veranstaltungen, bei denen gezielt Essen angeboten wird. Meine Umfrage bei den Hochschulgemeinden 2008 ergab auch, dass ausländische Studenten gerade zu Veranstaltungen gehen, bei denen es etwas zu essen gibt. In der psychosozialen Beratung der Hochschulgemeinden wird auch auf eigene „Kleiderkammern", denen in Kirchengemeinden, den „Tafeln" und anderen Möglichkeiten des preiswerten oder gar kostenlosen Bezugs von Kleidung, Möbel etc. hingewiesen.

Durch die Einführung der Studienbeiträge und der veränderten Studienstruktur, die die Zeiten der Arbeitsaufnahme verringern, erhöht sich der finanzielle und damit auch psychische Druck enorm. Es kann davon ausgegangen werden, dass immer mehr Bildungsausländer ihr Studium abbrechen werden, da sie nicht über ausreichende finanzielle Mittel verfügen (siehe Kapitel 2.4).

Sind die finanziellen Ersparnisse aufgebraucht, fällt die externe Unterstützung aus oder haben Studenten ihre Arbeit verloren, verschlechtern sich oft die Prüfungsleistungen, da sich die Anforderungen zur Alltagsbewältigung enorm erhöhen.

Finanzielle Verbesserung ergibt meist Leistungsverbesserung

Die Berater erleben immer wieder, dass durch eine Verbesserung der finanziellen Situation der Bildungsausländer deren Studienleistungen deutlich ansteigen. Erkennen die Berater im Gespräch, bei interkulturellen und interreligiösen Veranstaltungen und im Gemeindeleben die teilweise sehr guten Potenziale ausländischer Studentinnen und Studenten und erfahren von deren finanziellen Schwierigkeiten, suchen sie nach Möglichkeiten, um durch einen verstärkten Einsatz von Caritasmitteln, über Kooperationen mit anderen Institutionen oder Stipendienanträge diese Potenziale zu fördern.

Die Stipendienorganisationen, wie der Katholische Akademische Ausländer Dienst (KAAD), erwarten einen überdurchschnittlich guten Notendurchschnitt für die Vergabe eines Stipendiums. Für die free mover, die ihren Aufenthalt hier selber finanzieren müssen, ist es als Folge aller Belastungen sehr schwer, die erwartet guten Noten zu erbringen, jedenfalls viel schwerer, als für die Studenten, die zusätzlich noch aus der Heimat unterstützt werden. Daher haben sie geringere Chancen auf den Erhalt eines Stipendiums.

2.3.2 Individuelles Erleben

Ein Teil der ausländischen Studenten, die zum Erststudium nach Deutschland kommen, verlassen ihre Heimat zu einem Zeitpunkt, an dem sich Gleichaltrige vom Elternhaus ablösen (Adoleszenzphase). Diese Ablösung geht oft mit Konflikten mit den Eltern einher, was jedoch das Wachstum zu einer eigenständigen Persönlichkeit fördert. Wegen der räumlichen Trennung werden diese Auseinandersetzungen teilweise telefonisch ausgetragen oder unterbleiben. Für beide Seiten ist das Ansprechen von Differenzen schwer, da sie z.B. einander nicht sehen und viel gegenseitiges Nicht-Wissen und Unverständnis bei den Daheimgebliebenen ist. Sie können sich die Lebenswirklichkeit ihrer Kinder in Deutschland nicht vorstellen.

26 % aller Bildungsausländer waren zum Zeitpunkt der Erhebung bis 23 Jahre alt (DSW 2008, S. 22), im Gegensatz zu ca. der Hälfte aller Studenten (DSW 2007, S. 121). 43 % waren zwischen 24 und 27Jahre und 31 % 28 Jahre und älter (DSW 2008, S. 22). Die Aufnahme des

Studiums kann sich bei Bildungsausländern aus Entwicklungsländern verzögern, da sie eventuell lange auf ein Studienvisum warten mussten, in der Heimat ein Studium begonnen oder abgeschlossen oder in der Heimat gearbeitet haben, um Geld für das Studium anzusparen, einen Sprachkurs und/oder das Studienkolleg absolvieren mussten.

Viele ausländische Studenten aus Entwicklungs- und Schwellenländern durchleben in Deutschland eine Identitätskrise, da sie aufgrund des Wechsels von einer meist traditionellen, klar strukturierten Gesellschaft in eine offene Gesellschaft ihre „soziale Identität" neu erwerben müssen. Dies führt vorübergehend tendenziell „zur Identitätsdiffusion, Desorientierung und depressivem Umgang mit der neuen Situation" (Akashe-Böhme 1991, S. 52).

Beispiele aus der Beratungspraxis:

- In den ersten Monaten ihres Deutschlandaufenthalts durchlaufen Bildungsausländer unterschiedlich intensiv verschiedene Phasen, die bei einem Kulturwechsel als Kulturschock auftreten (siehe Kapitel 3.4.2). Dies ist auch bei Deutschen und Bildungsinländern bei Auslandssemestern oder Auslandspraktika der Fall, ebenso bei Entwicklungshelfern und Arbeitnehmern bei einem Auslandseinsatz. Die Bewältigung der auftretenden Schwierigkeiten ist je nach Dauer des Auslandsaufenthaltes, nach Vorerfahrung und Hilfen vor Ort unterschiedlich lang. Bildungsausländer aus Entwicklungsländern berichten oft, dass sie ein bis zwei Semester zur Orientierung brauchten und erst dann das Gefühl hatten, mit den Abläufen in Deutschland vertraut zu sein.
- Studenten beschreiben oft ihre große Herausforderung, manchmal Überforderung, alles selber organisieren zu müssen, wie Behördengänge, den Einkauf, Essen kochen usw. In der Regel sind sie zu Hause mit allem versorgt worden. Für Bildungsausländer kommt erschwerend dazu, dass sie diese Herausforderungen in einer fremden, unbekannten Kultur bewältigen müssen.
- Ausländische Studenten erleben oft Diskriminierungen und fremdenfeindliche Übergriffe im Alltag, in der Hochschule und in Behörden.
- Über die Hälfte der muslimischen ausländischen Studenten berichten, dass sie durch Behörden benachteiligt worden seien.

Sie erleben das auch schon durch die Regelantrage bei den Verfassungsschutzämtern bei der Visumsverlängerung. Von Benachteiligungen berichten etwa ein Drittel der nichtmuslimischen ausländischen Studenten (BMI 2007, S. 365).

- Bei der Visumverlängerung werden teilweise unterschiedliche Anforderungen gestellt. Möchte der eine Sachbearbeiter nur eine Studienbescheinigung, so fordert ein anderer Leistungs- und Finanzierungsnachweise, Kontoauszüge der letzten drei Monate etc. Diese Forderungen sind rechtens. Die Studenten verstehen allerdings nicht, dass sie so viel vorlegen müssen und ihre Freunde nicht. Sie nehmen das als willkürliche Handhabung wahr.
- Wohnungssuche: Afrikanische Studenten rufen Wohnungseigentümer an und erhalten einen positiven Bescheid zur Besichtigung. Beim persönlichen Kontakt ist die Wohnung „leider schon vergeben“. Besonders bitter ist für sie, wenn sie erfahren, dass Personen nach ihnen die Wohnung bekommen haben bzw. die Wohnung weiter inseriert ist.
- Viele Bildungsausländer sind oft verunsichert, weil sie nicht wissen, wie es der Familie in der Heimat geht. Dies ist besonders bei Erkrankung von Familienmitgliedern oder politischen Unruhen und Bürgerkriegen der Fall. Oft werden sie nicht informiert oder haben keine Möglichkeit der Kontaktaufnahme oder die ist sehr erschwert.
- Sie haben Sehnsucht nach der Familie und Freunden, die sie teilweise seit mehreren Jahren nicht mehr gesehen haben. Stark ist die Sehnsucht auch nach dem, was sie hier vermissen, wie Essen, Klima, Landschaft usw.
- Beim Todesfall eines Angehörigen sind sie besonders traurig, wenn sie nicht Abschied nehmen konnten und/oder aus finanziellen Gründen und/oder wegen wichtiger Prüfungen nicht bei der Beerdigung sein können.
- Afrikanische Studenten leiden sehr darunter, wenn sie als ältester Sohn, der in der Familie traditionell die Trauerfeierlichkeiten ausrichten/begleiten soll, nicht bei der Beerdigung des Vaters anwesend sein können. Je nach kulturellem Hintergrund werden bei dieser Feier auch Aufgaben innerhalb der Familie zugeteilt.

- Wiederholte Anfragen der Familie aus der Heimat setzen sie zusätzlich unter Druck:
  - „Du bist doch in einem reichen Land. Du kannst uns doch Geld schicken (z.B. bei Erkrankungen von Verwandten für die Arzt- oder Krankenhausrechnung) oder Geschenke (z.B. Computer)!"
  - „Wann bist du mit dem Studium fertig, bei uns dauert das Studium doch nur vier Jahre?"
  - „Wann heiratest du? Wir möchten Großeltern werden. Andere haben schon eine Familie und ein Haus."
- Bei Erkrankungen (siehe Kapitel 3.4.5), besonders bei psychosomatischen, haben Studenten aus Entwicklungsländern teilweise das Gefühl, dass die verordneten Medikamente nicht die erwartete Wirkung zeigen oder der Heilungsprozess zu lange dauert. Sind sie in psychotherapeutischer Behandlung bemängeln sie oft, dass ihre Lebenswirklichkeit hier in Deutschland und ihre Herkunft zu wenig berücksichtigt werden. Teilweise haben sie Therapeuten ihrer Muttersprache, die aber ganz andere Entwicklungschancen hatten. Die kultursensitive Beratung in der Hochschulgemeinde kann durch das Heranziehen der kulturellen Aspekte und Auswirkungen ihrer fremdkulturellen Lebenssituation ein Verständnis für die Erkrankung schaffen und eine Unterstützung der Therapie sein.

2.3.3 Religiöses Leben

Bildungsausländer können ihre religiösen, geistlichen und spirituellen Erfahrungen nicht unmittelbar auf diese Gesellschaft und ihre Institutionen übertragen. Sie beobachten an sich, aufgrund ihrer Irritationen in der fremdkulturellen Umgebung, eine neue Wahrnehmung ihrer eigenen religiösen Zugehörigkeit. Kommen sie aus einer religiös traditionalistisch geprägten Gesellschaft, haben sie meist ihre religiösen, traditionellen Werte nicht hinterfragt, wie die hier christlich Sozialisierten auch nicht die des christlichen Abendlandes, weil man alles als selbstverständlich hingenommen hat. Hier werden die Bildungsausländer mit ihrem Anderssein konfrontiert. Sie suchen zu Beginn ihres Aufenthalts Orte zur Ausübung ihrer Riten und Gebräuche. Muslimische Studenten berichten, dass sie sich im Laufe ihres

Aufenthalts von ihrer Herkunftsreligion entfremdet hätten, da hier nicht die soziale Kontrolle wie in der Heimat herrscht. Meist üben sie erst wieder in Krisenzeiten ihre religiösen Praktiken aus. Religion scheint in Zeiten von Orientierungslosigkeit oder in Identitätskrisen oftmals als Einziges Halt zu bieten, da die in der Religion tradierten Normen und Werte und transzendenten Wahrheiten schon immer dem Einzelnen Orientierung und das Gefühl der Zugehörigkeit zu einer Gemeinschaft boten. Ein Teil der ausländischen Studenten sucht in ihrer schwierigen Lebenssituation Halt in religiösen Gruppierungen, sowohl mit christlichem als auch muslimischem Hintergrund. Ihr Leben richten sie dann stark nach deren Normen und Werten aus. Die Gefahr besteht, dass die Studenten in fundamentalistische Gruppierungen geraten, die die gesellschaftliche Komplexität mit den Normen und Werten sehr einseitig und demokratiefeindlich erklären.

Auf einer Fortbildung von Ausländerreferenten der Katholischen Hochschulgemeinden wurde durch einen Referenten geschildert, dass ihm bei Aufenthalten in arabischen Ländern Nordafrikas und des Nahen Ostens aufgefallen sei und auch berichtet wurde, dass einige der fundamentalistischen, muslimischen Hardliner der Hochschulen und anderen intellektuellen Kreisen in Westeuropa studiert hätten. Sie seien wohl bei ihren Aufenthalten in konservative, antidemokratische Moscheegemeinden geraten und hätten wenige oder keine Chance der Aufklärung über die Normen und Werte unserer Gesellschaften wahrgenommen. Dies ist umso erschreckender, als ein Teil dieser Personen mit Geldern europäischer Stipendienorganisationen gefördert wurde.

Interkulturelle Trainings sollten für Studenten aus anderen, besonders muslimischen Kulturkreisen zu Beginn ihres Aufenthalts angeboten werden. Bei Stipendiaten kann dies zum obligatorischen Programm ihres Stipendiums gemacht werden. In den Trainings sollten ihnen neben der individuellen Andersartigkeit auch die Unterschiedlichkeit der kulturellen und religiösen Normen und Werte nahegebracht werden.

„Selbst ein Weg von tausend Meilen
beginnt mit einem Schritt."
Japan

2.3.4 Bewältigung des Alltags – auch abhängig vom Geschlecht?

In der Beratung ist auffallend, dass ausländische Studentinnen ihre Ressourcen scheinbar besser und realistischer wahrnehmen und einsetzen als ihre männlichen Kommilitonen.

Studentinnen scheinen mehr Bereitschaft im Mitteilen von Schwierigkeiten untereinander zu haben, stärker Solidarität auszuüben und zielgerichteter nach Lösungsmöglichkeiten zu suchen. Es entsteht der Eindruck, dass Frauen eher bereit sind, auch Jobs zu ungünstigeren zeitlichen und finanziellen Bedingungen anzunehmen, um zumindest ein Einkommen zu haben. Männer sind wählerischer mit der Gefahr, dass sie am Schluss ohne Arbeit dastehen. Sind die Studentinnen alleinerziehend, schließen sie sich schnell einem Netzwerk an, das sie trägt und gegenseitige Unterstützung ermöglicht.

Frauen scheinen auch zielgerichteter als Männer zu studieren. Auf Nachfrage antworten sie meist, dass sie in einem erfolgreichen Studienabschluss eine der wenigen Chancen sehen, selbstständig und selbstbestimmt die Zukunft zu gestalten.

Mögliche Erklärung: Frauen werden als Mädchen sehr früh in die komplexen Strukturen zur Bewältigung des Familienalltags durch ihre Mutter und die Großfamilie einbezogen. Dabei lernen sie den Umgang mit schwierigen Situationen und solidarischem Handeln kennen. Jungen wird im Alltag sehr viel abgenommen. Ihre Aufgabe besteht meist in dem Erreichen eines guten Schulabschlusses und dem Erwerb der Rolle als Mann. Verantwortung wird von ihnen schon mal als älterer Bruder in der Beaufsichtigung jüngerer Geschwister erwartet.

Geschichten, die ich in der Beratung erzähle

Viele ausländische Studenten, denen ich in der Beratung oder bei Bildungsangeboten begegne, kommen aus narrativen Kulturen. Klare Beschreibungen des Wahrgenommenen können ihnen zu direkt und zu abstrakt erscheinen. Es hat sich oft herausgestellt, dass eine kurze Geschichte zu Erkenntnissen führen und so eine Hilfe sein kann.

Je nach Sprachverständnis sind die Geschichten mit einfachen Worten nachzuerzählen.

Weitere Geschichten sind in diesem Buch aufgeführt.

Geschichte 1

In vielen Situationen denkt man, dass andere besondere Begabungen haben oder es ihnen besonders leicht fällt, zu guten Ergebnissen zu kommen. Die Geschichte zeigt, dass man mit Ausdauer und festem Willen einiges erreichen kann.

Es fällt kein Meister vom Himmel

Ein Zauberkünstler führte am Hofe des Sultans seine Kunst vor und begeisterte seine Zuschauer. Der Sultan selber war außer sich vor Bewunderung: „Gott, stehe mir bei, welch ein Wunder, welch ein Genie!" Sein Wesir gab zu bedenken: „Hoheit, kein Meister fällt von Himmel. Die Kunst des Zauberers ist die Folge seines Fleißes und seiner Übungen." Der Sultan runzelte die Stirn. Der Widerspruch seines Wesirs hatte ihm die Freude an den Zauberkunststücken verdorben. „Du undankbarer Mensch! Wie kannst du behaupten, dass solche Fertigkeiten durch Übung kommen? Es ist, wie ich sage: Entweder man hat das Talent oder man hat es nicht." Abschätzend blickte er seinen Wesir an und rief: „Du hast es jedenfalls nicht, ab mit dir in den Kerker. Dort kannst du über meine Worte nachdenken. Damit du nicht so einsam bist und du deinesgleichen um dich hast, bekommst du ein Kalb als Kerkergenossen."

Vom ersten Tag seiner Kerkerzeit an übte der Wesir, das Kalb hochzuheben und trug es jeden Tag über die Treppen seines Kerkerturmes. Die Monate vergingen. Aus dem Kalb wurde ein mächtiger Stier und mit jedem Tag der Übung wuchsen die Kräfte des Wesirs.

Eines Tages erinnerte sich der Sultan an seinen Gefangenen. Er ließ ihn zu sich holen. Bei seinem Anblick aber überwältige ihn das Staunen: „Gott, stehe mir bei, welch ein Wunder, welch ein Genie!" Der Wesir, der mit ausgestreckten Armen den Stier trug, antwortete mit den gleichen Worten wie damals: „Hoheit, kein Meister fällt vom Himmel. Dieses Tier hattest du mir in deiner Gnade mitgegeben. Meine Kraft ist die Folge meines Fleißes und meiner Übung"
(Peseschkian 1979, S. 117).

2.3.5 Single-Sein, Beziehungen und Ehe

Viele deutsche und ausländische Studenten sehnen sich nach einer festen Beziehung, die ihnen Halt und Sicherheit gibt und dem Bedürfnis nach Zärtlichkeit und Sexualität Rechnung trägt.

18 % aller Bildungsausländer waren 2006 verheiratet vs. 6 % der deutschen Studenten. In postgradualen Studiengängen waren 24 % der Bildungsausländer verheiratet (vs. 22 % Deutsche), 17 % im Erststudium (vs. 5 % Deutsche) und 7 % in einem Teilstudium.

In einer festen unverheirateten Partnerschaft lebten 36 % aller Bildungsausländer und 52 % der deutschen Studenten.

Ein eigenes Kind hatten 5 % der deutschen Studenten und 8 % aller Bildungsausländer im Erststudium. Von allen Bildungsausländern aus einkommensschwächeren Ländern hatten 9 % ein Kind, bei gehobenem mittleren Pro-Kopf-Einkommen 11 % und bei Studenten aus einkommensstarken Ländern 7 %. 10 % der weiblichen und 8 % der männlichen Bildungsausländer hatten ein Kind (DSW 2008, S. 22).

Beispiele aus der Beratungspraxis:

- Oft berichten Ratsuchende von ihrer Einsamkeit, der Sehnsucht nach Beziehung und/oder dem Scheitern der Beziehungsaufnahme.
- Die Kontakt- und Beziehungsaufnahme ist zwischen Menschen mit fremdkulturellem Hintergrund aufgrund der unterschiedlichen Wahrnehmungen, Erwartungen und Rollenverständnissen nicht einfach.
- Ausländische Studentinnen und Studenten berichten von Ablehnung durch die Eltern ihrer deutschen Freunde oder Freundinnen. Ursachen sind entweder der ethnische und/oder religiöse Hintergrund. Dieser Druck führt zu großen Spannungen innerhalb der Beziehung und kann zu Trennungen führen. Eher toleriert scheinen Beziehungen zwischen christlichen Partnern zu sein.
- Verstärkt ist zu beobachten, dass afrikanische Studentinnen zwischen dem 25. und 27. Lebensjahr Mutter werden, auch wenn das die Schwierigkeiten meist vergrößert. Im Gespräch sagen sie oft, dass man in der Regel in der Heimat zu diesem Zeitpunkt auch Mutter wird und die Nachfrage der Eltern nach einem Enkelkind

sehr groß geworden sei. Andere denken, dass sie später zu alt zur Geburt des ersten Kindes seien.

- Sie suchen teilweise Väter für ihre Kinder, die hier einen verfestigten Aufenthalt haben, den sie dann auch erhalten und sich dadurch der Druck der Ausländerbehörde verringert.
- Wenn Studenten Eltern werden, erhöht dies die Anforderungen an die Partner. Bei bikulturellen Paaren kommen dann neben der Individualität der Eltern die Auseinandersetzungen über unterschiedliche Erziehungsziele und Erziehungsstile hinzu. Auch die Entscheidung, welche Sprache im Alltag gesprochen wird, ist nicht immer einfach zu treffen. Sprechen beide Elternteile ihre Muttersprache, lernt das Kind parallel beide Sprachen. Spricht ein Elternteil die Sprache des anderen kaum oder gar nicht, kann es in Krisensituationen zu verstärktem Misstrauen kommen, wenn der andere Partner in der Sprache mit dem Kind spricht, die er nicht versteht. Er weiß nicht, was der Inhalt des Gesprächs ist. Fragen nach der Esskultur und welche Feste wie gefeiert werden, können auch zu Konflikten führen.
- Bei bireligiösen Paaren und Eltern, sie Christin und er Muslim, kann es sein, dass der Mann sich in Krisensituationen verstärkt auf seinen Glauben bezieht. Dadurch scheint er seine Macht zum Ausdruck bringen zu wollen, da er sich im Alltag in einer nicht muslimischen Umgebung und als Ausländer oft ausgrenzt fühlt. Bei Glaubens- und Erziehungsfragen wird dies sehr deutlich (Laabdallaoui/Rüschoff S. 114 f.). Bei Männern aus kollektivistischen Kulturen ist dies oft zu beobachten, da dort die Eltern auch einen starken Druck auf die Söhne ausüben, damit diese sich entsprechend den Erwartungen verhalten und keine Schande über die Familie bringen.
- Unklarheit bei einer Beziehung zwischen einem Europäer und einem außereuropäischen Partner herrscht häufig darüber, wo nach dem Studium der Lebensmittelpunkt sein wird.
- Haben Bildungsausländer aus Entwicklungsländern in der Heimat Kinder, hatten sie bei Beginn des Studiums die Hoffnung, dass sie regelmäßig die Familie besuchen oder diese nach Deutschland einladen können. In der Realität geschieht dies selten, überwiegend aus finanziellen Gründen.

- Getrennt sein von Frau und Kindern, die in der Heimat geblieben sind, wirft Fragen nach der Beziehung und unterschiedlichen Lebensentwürfen auf. Auf Nachfragen teilen sie mit, dass sie meist traurig seien, da sie so selten ihre Familie sehen.
- Afrikanische Frauen beschreiben oft ihre Schwierigkeiten mit männlichen Landsleuten. Die Männer würden als Jungen häufig so erzogen, das sie sich als etwas „Besseres" als Mädchen fühlten. Daher hätten sie oft wenig Respekt und Wertschätzung Frauen gegenüber und erwarteten in Beziehungen oft Unterordnung.
- Bei einer hier gelebten Beziehung mit einem afrikanischen Landsmann wird von den Frauen häufig geäußert, dass sie noch nicht wüssten, ob sie nach dem Studium und einer Rückkehr in die Heimat weiterhin mit ihm zusammenleben werden. Sie lebten hier in einem partnerschaftlichen Verhältnis. Der Mann unterstütze sie auch im Haushalt. Dies ändere sich aber meist, wenn männliche Freunde kämen. Dann hätten die Frauen die Hausarbeiten zu verrichten.
- Sie wissen nicht, ob ihre Partner in Afrika wieder auf Druck der Familie das traditionelle Rollenverständnis übernehmen und die Freiheiten der Frauen eingeschränkt werden. Sie betonen oft, dass in vielen Heimatländern starke und intelligente Ehefrauen nicht so gern gesehen werden (wie in Deutschland?).
- Oft berichten afrikanische Mütter, dass afrikanische Väter nicht die Verantwortung für die Vaterschaft übernehmen wollen. Sie drängen oft auf Abtreibung. Entscheidet sich die Mutter für das Kind, entziehen sich die Väter oft ihren Pflichten. Alleinerziehende Mütter haben dann mit den Belastungen allein fertig zu werden. Dies erfordert sehr viel Energie, Ausdauer und soziale Kompetenz. Oft verwundert es die Berater, dass die Studentinnen auch noch Verständnis für diese Väter aufbringen. Die müssten doch auch studieren und hier arbeiten. Sie könnten daher keinen Unterhalt zahlen und das Kind auch nicht stundenweise betreuen.
- Eine schwangere 20-jährige afrikanische Studentin wurde vom Kindsvater, einem Landsmann, verlassen, da sie das Kind nicht abtreiben wollte. Von ihren Eltern wurde sie verstoßen, da diese große Erwartungen für die Zukunft, besonders materiell, in sie gesetzt haben. Sie befürchten, dass die Tochter das Studium nicht

beenden kann. Da die Tochter sich für das Kind entschieden hat, stellten die Eltern die finanzielle Unterstützung ein. Bis auf einen Bruder hat sie keine Kontaktmöglichkeiten zur Herkunftsfamilie. Um ihr Studium hier beenden zu können, brachte sie ihr Kind zur Großmutter in die Heimat.

- Ausländische Frauen äußern mehr als Männer die Verunsicherung beim Nachzug des Partners nach einigen Monaten oder eventuell Jahren nach Deutschland. Sie haben sich hier zu einer selbstständigen Persönlichkeit entwickelt und wissen nicht, ob der Partner ihnen den bisher gelebten Freiraum lässt.
- Generell sind die hier lebenden Studenten beim Nachzug des Partners sehr verunsichert. Sie können die eigenen Veränderungen und die des Partners nicht einschätzen. Sie wissen um die Schwierigkeiten des Eingewöhnens in die hiesige Kultur. Ihre dann zu erbringende Integrationshilfe ist für sie nicht überschaubar. Bringt der Nachreisende nicht ausreichende finanzielle Mittel mit, erhöht sich dieser Druck auch noch.
- Heiratet ein hier lebendes koreanisches Paar, kann es vorkommen, dass die Eltern der Frau aus der Heimat keine Unterstützung mehr gewähren, da der Ehemann traditionell für den Unterhalt der Frau zu sorgen hat, was zu erhöhten Belastungen führt. Dies wird auch von afrikanischen Studenten geäußert.
- Bildungsausländer sehen es manchmal als Möglichkeit einer Aufenthaltsverfestigung und damit auch besserer Arbeitsmöglichkeit an, wenn sie einen Partner aus einem europäischen Land kennenlernen mit der Option der Heirat.

Dritter Bericht: B. T., Studentin aus der Mongolei

Integration und Gerechtigkeit

„Nach meiner Meinung ist Deutschland das ideale Land zum Studieren. Studiengebühren sind relativ niedrig (in Gegenteil zu USA, Frankreich und GB), man bekommt die Arbeitserlaubnis (in USA und Frankreich ist es schwieriger). Aber wenn man mehr will als nur studieren, wird es schwieriger. Ich kenne einige, die schon 5 Jahre nicht zu Hause waren, weil nach der Bezahlung des Unterhalts und der Studiengebühren nichts mehr übrig bleibt. Und die meisten ausländischen Studierenden kommen aus weniger entwickelten Ländern als Deutschland.

In letzter Zeit ist das Wort ‚Integration' häufig im Gebrauch. Ich habe sogar an der Uni gelesen „nicht integrierte ausländische Studierende". Ein deutscher Kommilitone hat mir es erläutert. Wenn ich auf deutsche Partys eingeladen werde und das Wort ‚verboten' in meinem Wortschatz benutze, bin ich integriert. Ich bin lieber auf gemischte Partys als in reinen deutschen Partys. Ausländische Studierende bleiben lieber unter sich. Aber das heißt nicht, dass ich gegen deutsche Kollegen bin. Ich habe einige sehr gute deutsche Freunde, die sind zu mir besser als meine Landesleute.

Ich arbeite als studentische Hilfskraft an der Uni und mich drückt eine Sache. Ich habe Verständnis dafür, wenn man erst eigenen Studenten den Vortritt gibt. Aber da geht es nicht mehr um die Leistung, sondern mehr um die Nationalität. Ein deutscher Student sitzt am PC und schreibt in der Arbeitszeit die meiste Zeit an seiner Hausarbeit. Fast alle wissen es, doch keiner sagt was, keinen kümmert das. Aber wenn das ein ausländischer Student gemacht hätte, wäre ihm längst gekündigt worden. Wozu geht man dann mit ver.di zu einer Demonstration gegen Personalabschaffung? Eine ausländische Kollegin ist dann zum Chef gegangen und hat gesagt, dass dieser Student acht Stunden auf der Arbeit war, aber nur für eine Stunde Arbeit gemacht hat. Und als Antwort hat sie bekommen, dass es ein Missverständnis zwischen ihnen gewesen ist. Bei ihr zu Hause sei das sicher so.

So viel zum Thema Gerechtigkeit."

2.3.6 Erfahrungen in der Hochschule

Die Strukturen an deutschen Hochschulen unterscheiden sich meist von denen in der Heimat der Bildungsausländer und der offene Umgang mit den Professoren ist ihnen fremd. Zudem vermissen sie eine ihnen zugewandte Betreuung und Orientierungshilfen durch die Hochschulen.

Deutschland war nur für 43 % der Bildungsausländer im Erststudium das Studienland, für das sie sich bei völlig freier Wahl entschieden hätten (DSW 2008, S. 44). Dieses Faktum, die Diskrepanz von erworbener und geforderter Qualifikation, die Orientierungsprobleme, die hohen Anforderungen durch das Studium und die Bewältigung des Alltags führen dazu, „dass es knapp der Hälfte der Bildungsausländer im Erststudium zumindest schwerfällt, eine hohe Studienmotivation aufzubauen" (DAAD 2004, S. 108). Dies kann verstärkt zu Studienwechsel oder Studienabbruch führen.

Ca. 25 % „der Bildungsausländer im Erststudium geben an, während des Aufenthaltes in Deutschland den Studiengang gewechselt zu haben. Diese Quote ist deutlich höher als vergleichbarer deutscher Studierender" (ebd., S. 111). Diese Zahl dürfte sich aufgrund der veränderten wirtschaftlichen Situation in Deutschland, weniger Arbeitsmöglichkeiten für Studenten und der Einführung der Studienbeiträge in den letzten Jahren erhöht haben.

Beispiele aus der Beratungspraxis:

- Studenten aus Gesellschaften mit großer Machtdistanz und Unsicherheitsvermeidung (wie China und islamische Länder) sind z.B. über den lockeren Umgang zwischen deutschen Studenten und Professoren und das Infragestellen gemachter Aussagen überrascht. Sie haben gelernt, dass sie Lehrern und somit auch Professoren hohen Respekt entgegenzubringen haben. Der Unterricht ist sehr auf den Lehrer orientiert. Diskussionen mit Lehrern/Dozenten gelten als respektlos, ebenso von ihm gemachte Aussagen zu hinterfragen oder gar in der Öffentlichkeit zu kritisieren. Erst soll man sich ausreichend informieren und eine Nacht darüber nachgedacht haben. Eine Frage zu stellen kann als Zeichen des Nichtwissens oder schlechter Erklärung gedeutet werden.
- Aktive Mitarbeit in Seminaren mit Diskussionen und mündliche Präsentationen können für Bildungsausländer auch sehr befremdend sein. In kollektivistischen Kulturen ist das Hervorheben eines Einzelnen, z.B. für dessen Leistung, für diesen beschämend. In Kleingruppen zu arbeiten und das Gruppenergebnis bewertet zu bekommen ist für sie wesentlich leichter als die Einzelbewertung.

- In der pädagogischen Arbeit ist zu bedenken, dass Studenten kollektivistischer Kulturen in Verlegenheit gebracht werden, wenn sie vor anderen gelobt werden. Die Mitglieder sind um Harmonie bemüht und betonen ihre Beziehungen untereinander. Direkte Auseinandersetzungen versuchen sie zu vermeiden. Geäußerte Meinungen stellen in der Regel die Meinung der jeweiligen Gruppe dar, der der Einzelne angehört. Auch erleben sie persönlichen „Gesichtsverlust" als eine Verletzung der Familien- und Gruppenehre.
- Im Beratungskontext sind das auch diejenigen, die z.B. durch das Nichtaussprechen ihrer Probleme den Berater nicht beschämen wollen. In Gruppensituationen, in denen sie mit den Forderungen: „Sei dein eigener Chairman" konfrontiert werden und in „Ich-Form" zu sprechen, können sie sich unwohl fühlen.
- Afrikanische und asiatische Studenten berichten, dass Verhaltensweisen anderer Studenten während der Vorlesungen und Seminare sie sehr irritieren. Dies können das Essen und Trinken während der Veranstaltungen, das Gespräch mit dem Nachbarn, das Empfangen und Senden von SMS, Arbeiten am Notebook, das dauerhafte oder vorübergehende Sitzen auf Tischen, das Kommen und Gehen während der Veranstaltungen sein. Gerade in der Anfangsphase irritierte sie das sehr stark. Ihre emotionale Betroffenheit erschwerte eine Konzentration auf die Vorlesungsinhalte. Vieles empfanden sie vonseiten der Studenten als sehr respektlos den Dozenten und ihnen gegenüber. Teilweise schämten sie sich für das Verhalten der anderen, besonders wenn sie in deren Nähe saßen. Erst im Laufe der Zeit sahen sie diese Verhaltensweisen als scheinbar normal an. Sie fallen ihnen jedoch immer noch negativ auf.
- Zeigen Dozenten eine zu große Nähe zu Studenten oder für ausländische Studenten nicht angemessene Verhaltensweisen, kann dies auch zu Irritationen führen.
- Bildungsausländer, die sich in der Vergangenheit in ihrer Heimat als selbstbewusste Personen erlebten, die auch vor Gruppen sprachen, verhalten sich hier teilweise sehr zurückhaltend und beteiligen sich kaum an Gruppendiskussionen bei Seminaren. Als Begründung nennen Studenten neben den erlebten Irritationen (s.o.) und sprachlicher Unsicherheit etwas für sie sehr Schlimmes.

Sie haben es persönlich erfahren oder identifizieren sich mit einem betroffenen ausländischen Kommilitonen, dass Bildungsinländer sich über eine fremd klingende Aussprache, einem falschen Wort oder falscher Grammatik amüsierten oder abfällig äußerten. Die Betroffenen erleben es als Bloßstellung. Sie sind sehr beschämt und es macht sie so hilflos, dass sie lieber schweigen. Bei Dozenten oder Kommilitonen kann dadurch der Eindruck entstehen, dass die Bildungsausländer wenig wüssten.

- Viele Bildungsausländer klagen über mangelnde Kontakte zu Hochschullehrern und Studenten. Sie wissen nicht, ob und wie sie Professoren ansprechen und um Rat und Hilfe fragen können. Sie sind oft aus der Heimat strenge Lehrer und Professoren gewöhnt oder trauen sich wegen „mangelhafter“ Deutschkenntnisse eine Kontaktaufnahme nicht zu. Sie sind meist von dem Ergebnis überrascht und erfreut, wenn sie es nach einer Ermutigung doch wagen.
- Vereinzelt berichten Bildungsausländer, dass Professoren diejenigen waren, die sie in besonderem Maße zum Weitermachen motiviert haben. Sie erlebten dann durch das Gespräch bei der Klausureinsicht, dass der Professor ihnen zwar ihre Defizite aufzeigte, was ihnen unangenehm war, aber auch gleichzeitig zu verstehen gab, dass er ihnen deren Beseitigung zutraue und Tipps für ein erfolgreiches weiteres Vorgehen gab.
- Von sprachlichen Verständnisschwierigkeiten berichten viele Bildungsausländer. Bei den Hausaufgaben müssen sie das Wörterbuch intensiv nutzen, was entsprechend Zeit braucht.
- Sie berichten auch, dass sie die Aufgabenstellung in der Klausur nicht richtig verstanden und daher falsch gerechnet hätten. Sie hätten die Aufgabe sonst gekonnt.
- Lerngruppenfindung: Ausländer müssen oft unter sich bleiben, da viele Deutsche nicht gerne mit ihnen arbeiten wollen. Sie erleben das auch bei Praktika in der Hochschule, obwohl Professoren ausdrücklich auf kulturell gemischte Teams als Lernchance hinweisen.
- Sowohl deutsche als auch ausländische Studenten haben in der Vergangenheit über geringe räumliche und technische Kapazitäten

geklagt. Da weniger Laborplätze als Studenten da waren, mussten einige zwei Semester warten, bis sie einen Laborplatz hatten. Die Teilnahme und schriftlichen Ausarbeitungen des „Labors" sind aber Voraussetzungen für Klausuren. Oftmals werden „Labore" nur im Wintersemester angeboten, daher entstanden die zwei Semester Wartezeit. Dies scheint sich zu verbessern.

- Oftmals sitzen viele Studenten in überfüllten Hörsälen auf Fensterbänken oder auf den Treppen. Wenn die Hörsäle sehr voll sind, herrscht oft eine große Unruhe. Bildungsausländer fällt das Verstehen dann noch schwerer.
- Bildungsausländer berichten auch, dass sie von deutschen Studenten bewusst ungenaue oder falsche Informationen erhalten haben. Ein Beispiel: Auf die Frage, wo die Liste zum Eintragen für das Blockseminar hängt, hätten diese geantwortet, dass sie das nicht wüssten. Als sie die Liste fanden, standen deren Namen bei den ersten.
- Diskriminierung: Ein deutscher Kommilitone sagte zu einem Student aus der Elfenbeinküste, er hätte doch sicher sein Abitur in Frankreich gemacht, da es doch in seiner Heimat kein Gymnasium gäbe. Ähnliche Äußerungen hören Afrikaner oft. Inhalte können auch die scheinbar fehlende Technik in der Heimat, Lehmwege statt Straßen, Hütten anstelle von Häusern etc. sein. Ein togolesischer Student berichtete mir, dass er daraufhin gesagt habe, der deutsche Botschafter wohne im Baumhaus neben seinen Eltern. Dies schien den deutschen Gesprächspartner nicht sehr verwundert zu haben.
- Bildungsausländer fühlen sich zurückgestoßen, wenn sie in einem Seminar neben einem deutschen Studenten sitzen und sich unterhalten, aber in der Mensa ihr Gruß nicht von ihm erwidert wird. Auf Nachfragen stellen sie allerdings auch fest, dass dieses Verhalten zwischen Bildungsinländern auch oft so ist.
- Diskriminiert fühlte sich die einzige ausländische Studentin (neben wenigen deutschen Studentinnen) im Fachbereich Kommunikationswissenschaften/Nachrichtentechnik, als der Professor sie fragte: „Na, was sagt denn unsere ausländische Kommilitonin dazu?"

- Eine Elektrotechnik-Studentin aus Tansania, mit jahrelanger beruflicher Erfahrung, wurde vom Professor verstärkt befragt. Sie hatte den Eindruck, dass er sie so lange ausfragte, bis sie keine Antwort mehr wusste. Ihrer Meinung nach war das glücklicherweise aber nur selten der Fall.
- In verschiedenen schriftlichen Prüfungen dürfen Bücher mitgenommen werden. Afrikanische Studenten berichteten, dass sie diese nicht nutzen könnten, da sie immer gelernt hätten, sie sollten ihren Stoff auswendig können. Hätten sie dann bei der Prüfung doch ein Buch benutzt, hätten sie es sofort zugemacht, wenn die aufsichtsführende Person sie angesehen habe. Sie hätten immer das Gefühl, sie seien bei einer Täuschung, einem Betrug erwischt worden.

In der Beratung berichten Bildungsausländer aber auch, dass sie gute Kontakte zu deutschen Kommilitonen und Bildungsinländern hätten und viel gegenseitige Unterstützung erführen.

2.4 Studienabbruch

Die Mitarbeiter der Hochschulgemeinden weisen immer wieder darauf hin, dass die Hochschulen ihrer Aufgabe der Betreuung der Bildungsausländer nachkommen sollen. Es wird eine stärkere Internationalisierung des Studiums angestrebt, doch die Betreuung wird von den hier lebenden Bildungsausländern besonders in der Anfangszeit als mangelhaft empfunden. Sie haben neben ihren Problemen in der Bewältigung des Alltags auch noch den schwer durchschaubaren Komplex Hochschule zu ergründen, mit den fremden Bezeichnungen und Strukturen. Daher sollten ihnen kompetente Ansprechpartner zur Verfügung stehen, die ihnen den Start erleichtern. Dadurch könnte wahrscheinlich auch die Zahl der Studienabbrecher verringert werden. Besonders viele Studienabbrecher (nicht unterschieden nach Bildungsinländern und Bildungsausländern) gab es in einer 2008 veröffentlichten Studie bei den Studienanfängern der Jahre 2000-2004 in den Bachelor-Studiengängen. „Insgesamt beträgt die Quote des Studienabbruchs im Bachelor-Studium an den Universitäten 25 % und an den Fachhochschulen 39 %“ (HIS 2008, S. 16). Als Ursache der hohen Abbruch-Quote wird die Verdichtung des Studiums, ein enger Studienplan und die große Schwierigkeit der Erwerbstätigkeit neben dem Studium angeführt (ebd., S. 15 f.). Da viel mehr Studenten an Fachhochschulen als Universitätsstudenten aus finanziell schwächeren Familien kommen, ist der Druck, neben dem Studium zu arbeiten, entsprechend größer. Die Statistik erfasst jedoch alle Studenten als Studienabbrecher, die ihr Studium abbrechen, gleich, ob sie tatsächlich ihr Studium ohne Abschluss beenden, ein anderes Fach studieren oder an einer anderen Hochschule (vielleicht wegen fehlender Gebühren?) weiter studieren.

Durch die gestiegenen Anforderungen des Studiums und die Belastungen durch die Arbeit ist das Zeitbudget für deutsche und ausländische Studenten zur Nachbereitung des Lernstoffes, zur Regeneration und zur Freizeitgestaltung wesentlich geringer geworden. Finanzielle Probleme, Versagensängste, Lern- und Arbeitsstörungen und psychosomatische Erkrankungen werden zunehmen. Dies wird die Studierfähigkeit weiter verringern und zu mehr Studienabbrüchen führen.

Welche finanziellen Summen die Bundesländer und Hochschulen vergeuden, wenn das Studium nicht erfolgreich abgeschlossen wird, ergeben die Zahlen der Kosten für ein abgeschlossenes Studium für das Jahr 2005 (Statistisches Bundesamt 2007, S. 33). Während der Dauer des Studiums entfielen für Studenten an Universitäten durchschnittlich 44.300 €, wobei ein Medizinstudium 183.400 € kostete, und für einen Student einer Fachhochschule 18.700 € Kosten anfielen. Beendet ein Student das Studium nicht, wurden die bis dahin investierten Gelder scheinbar „nutzlos“ ausgegeben.

Für Bildungsausländer scheint der Studienabbruch in der Regel schwerer als für deutsche Studenten zu wiegen.

- Studienabbruch bedeutet für Bildungsausländer in starkem Maße „Gesichtsverlust“. Meist berichten die Eltern in der Heimat sehr stolz über den Studienaufenthalt ihrer Kinder im Ausland. Sie malen sich schon eine „rosige“ Zukunft aus. Dies führt oftmals zu einem enormen psychischen Druck bei den Studenten, da sie nicht ohne ein Examen nach Hause kommen sollten. Selbst bei auswegloser finanzieller Lage (Schulden um 3.000-4.000 €) und scheinbarer Überforderung in der Bewältigung des Alltags und der Studienanforderungen müssen sie weitermachen.

- Da viele Studenten ihrer Familie oftmals nicht ihre schwierige bzw. ausweglose Situation mitgeteilt haben, kommt der Abbruch meist sehr überraschend für die Angehörigen. Mit dem Studienabbruch werden neben den Hoffnungen und Erwartungen des Studenten auch die der Familie, des Dorfes oder des Clans zerstört.
- Andere Studenten berichten, dass den Studienabbrechern meist eigenes Versagen vorgeworfen wird. Familienmitglieder unterstellten ihnen, dass sie sich nicht ausreichend um das Studium gekümmert hätten, zu dumm seien oder wohl „andere Dinge im Kopf" gehabt hätten.
- Ein Studienabbruch treibt manche Studenten aus Entwicklungsländern nach Aussagen von Landsleuten in die Illegalität in Europa, in eine andere Region in der Heimat oder in ein Nachbarland.
- Einige Studienabbrecher entziehen sich auch den Freunden, die dann nicht wissen, wo und ob der Abbrecher noch lebt.
- Manche Bildungsausländer heiraten einen Europäer, um bei einem Studienabbruch bessere aufenthaltsrechtliche Möglichkeiten zu haben.

In der Beratung wird mit den Studenten nach einer beruflichen Alternative für die Zeit nach ihrer Rückkehr gesucht, damit sie sich nicht selbst aufgeben. Dazu sollen sich die Studenten die erlangten Leistungsnachweise vom Prüfungsamt bescheinigen lassen. Es werden ihnen auch die hier erworbenen sprachlichen, sozialen und interkulturellen Kompetenzen bewusst gemacht. Finanziell ist für alle ausländischen Studenten der Hinweis wichtig, dass sie sich bei der Beendigung ihres Aufenthaltes die eingezahlten Rentenversicherungsbeiträge zurückerstatten lassen können.

Vierter Bericht: J. T., Student aus Kamerun

„Warum ich Deutschland fürs Studium gewählt habe? Das ist eine gute Frage. Erstens, weil das Studium mehr oder weniger kostenlos war und zweitens, weil ich von Freunden wusste, die schon in Deutschland lebten, dass ich als Student in Deutschland nebenbei arbeiten könnte.

Die ersten Tage in Deutschland waren nicht leicht, aber dafür hatte ich Freunde aus meinem Heimatland, die mir geholfen haben bei der Anmeldung bei der Ausländerbehörde, bei der Kontoeröffnung, beim Abschluss einer Krankenversicherung und bei der Immatrikulation an der Uni. Es stellte sich schon vom Anfang an raus, dass ich mich auf meine Freunde viel verlassen werden muss.

Ich habe dann mit dem Studium angefangen. Mein Studium war auf Englisch, ich habe den Deutsch-Sprachkurs also nicht machen müssen.

Mit dem Inhalt der Vorlesungen habe ich kein Problem gehabt, aber bei Gruppenarbeiten habe ich manchmal Schwierigkeiten mit deutschen Studenten gehabt. Dies hing meistens an unseren kulturellen Unterschieden und auch, weil wir Menschen sind. Ich meine, unter Freunden sind wir uns auch nicht immer einig. Die Meinungen meiner Kommilitonen haben mich aber auch zum Lernen motiviert.

Schon war das erste Jahr vorbei und mein Geld wurde knapp. Ich musste arbeiten gehen. Aber wo? Ich redete mit einem Freund, der in Süddeutschland studierte. Ich ging dann nach Süddeutschland, um einen Job zu suchen. Hier stellte sich ein neues Problem heraus. Mein Deutsch war nicht gut genug. Ich suchte von Juli bis Ende August einen Job ohne Erfolg. Ich traf Ende August einen deutschen Student, der bei einer Galvanik-Firma gearbeitet hat und erklärte ihm mein Problem. Er redete mit seinem Chef und ich bekam dann endlich einen Arbeitsplatz. Ich arbeitete dort bis ins Wintersemester, also Ende Oktober und ging wieder zur Uni. Ein Platz bei dieser Firma stand mir immer zur Verfügung, sowohl in der Winterpause als auch in den Sommerferien. So habe ich mein Studium bis zum Bachelor-Abschluss finanziert.

Die schlimmste Erfahrung, die ich gehabt habe, war diese:
Ich nahm an einem Wahlpflichtfach mit vielen anderen Studenten teil (Europäern und Afrikanern). Das Fach war mit 3 Credit Points bewertet. Man durfte bis viermal in einem Seminar fehlen. Wenn man mehr als viermal nicht da war, dann musste man das Fach wiederholen (laut Studienordnung/Prüfungsordnung). Ich war zwei-

mal nicht da gewesen. Am Ende schrieb ich die Klausur und habe mit 2,0 bestanden.

Der Professor hat sich aber am Ende entschieden, mir 1.5 Credit Points statt 3 zu geben. Ich schrieb ihm eine E-Mail und fragte, warum ich nur 1.5 Punkte gekriegt habe.

Seine Antwort fing genau so an ‚I don't know why my African friends learn so relaxed (and I say African friends because I love Africans) ...' Übersetzt heißt das ‚ich weiß nicht, warum meine afrikanischen Freunde so mühelos studieren (und ich sage meine afrikanischen Freunde, weil ich Afrikaner mag) ...' Er sagte in seiner Mail weiter, dass ich mich nicht beschweren sollte, weil die anderen afrikanischen Studierenden doch auch nur 1.5 Credit Points bekommen hatten.

Dies war für mich unglaublich, weil ich nur in meinen Namen geschrieben hatte und keine anderen Menschen erwähnt hatte. Diese Verallgemeinerung, dass er mich nur als Afrikaner und nicht als Student wie alle anderen wahrgenommen hat, kann ich bis heute nicht begreifen.

Was hat mich dann motiviert, das Studium weiterzumachen? Dass ich in allen Ferien arbeiten konnte, ist eins.

Andere Professoren, auch wenn die mich nicht direkt motiviert haben, waren fair und dies war Grund genug zu sagen: „Ich bin nicht allein."

Mit meinen Kommilitonen: Es gab nicht so viel Kontakte zwischen uns wegen aller möglichen Gründe, kulturelle Unterschiede, Angst vor Fremden (auf beiden Seiten).

Trotzdem habe ich auch ein paar gute deutsche Freunde bekommen, die mir auch ab und zu auf ihre Weise helfen. Die sagen mir, wo es eine Arbeitseinsatzmöglichkeit gibt oder auch, wo eine studienbegleitende Veranstaltung stattfindet oder auch, wo man sich treffen kann, um bei einem Bier zu quatschen.

In späteren Phasen meines Studiums ist es schwierig geworden, auch Zeit zum Arbeiten zu finden. Hier haben die ESG und die KHG durch regelmäßige finanzielle Zuschüsse dafür gesorgt, dass ich das Studium wegen finanzieller Schwierigkeiten nicht abbrach.

Damit ich die Hilfe von ESG und KHG bekomme, haben ein paar Professoren auch kräftig mitgemacht durch starke Befürwortung bzw. durch Gutachten. Dass die mich hoch geschätzt haben, hat mir einen weiteren Grund gegeben, mein Studium weiterzumachen.

Die Mitarbeiter der Hochschulgemeinden haben nicht nur finanziell geholfen. Die haben auch psychisch geholfen auf zwei Weisen. Erstens durch die psychische Beratung der beiden Ausländerreferenten und zweitens durch verschiedene Veranstaltungen, wie Studientage, Abende und Wochenendseminare, wo ich andere Studierende getroffen und Ideen und Erfahrungen getauscht habe.

Ich habe eine BPSA-Förderung (Finanzierung einer Zwischenheimreise) von der ESG/STUBE bekommen und bin inzwischen zu Hause gewesen und konnte mich nach Berufsmöglichkeiten usw. erkundigen. Ich habe auch eine einmalige Förderung vom KAAD bekommen.

Und meine Familie? Ich bin letztendlich nicht nur meinetwegen in Deutschland, sondern für die ganze Familie. Wenn ich aufgebe, dann habe ich die ganze Familie enttäuscht und dies darf nicht passieren. Obwohl sie so weit weg ist, weiß ich einfach, dass die Familie hinter mir steht und das gibt mir jeden Tag den Antrieb weiterzumachen.

Also ich werde wiederholen: ‚Ich bin nicht allein in Deutschland und ich kann mein Studium bis zu Abschluss weitermachen.'"

2.5 Reintegration

„Wende dein Gesicht der Sonne zu,
dann fallen die Schatten hinter dich."
Südafrikanisches Sprichwort

Durch das neue Zuwanderungsgesetz haben die Bildungsausländer nach dem Studium verbesserte Möglichkeiten der Arbeitsaufnahme in Deutschland. Sie haben ein Jahr Zeit, um einen ihrem Studium entsprechenden Arbeitsplatz zu finden. Seit 2007 findet für einige ingenieurwissenschaftliche Berufe keine Prüfung mehr statt, ob nicht ein Bildungsinländer, Europäer oder sonst wie Bevorzugter eine vergleichbare Stelle sucht und der Absolvent aus einem Entwicklungs- oder Schwellenland das Nachsehen hat.

In der Regel sind die Bildungsausländer nach Deutschland gekommen, um hier einen qualifizierten Abschluss zu erwerben und dann in die Heimat zurückzukehren. Besonders in den Gesprächen mit Bewerbern um ein Stipendium beim Katholischen Akademischen Ausländer-Dienst (KAAD) wurde dies immer sehr deutlich geäußert. Sie versprachen sich nach der Rückkehr eine gute berufliche Stellung.

Durch die Änderung des Zuwanderungsgesetzes und das Wissen, dass es schwer ist, in der Heimat einen der Ausbildung entsprechenden Arbeitsplatz zu erhalten, sei es wegen der allgemeinen Arbeitslosigkeit, fehlender Beziehungen oder der politischen Situation, überlegen sich immer mehr Absolventen, in Deutschland zu bleiben. Sie möchten hier ein paar Jahre arbeiten, Berufserfahrung sammeln und Geld sparen in der Hoffnung, dadurch in der Heimat bessere Startmöglichkeiten zu haben. Da qualifizierte Fachkräfte in immer mehr deutschen Betrieben gesucht werden, ist die Arbeitsaufnahme für die deutsche Wirtschaft von Vorteil. Die Absolventen bringen als Bildungsausländer nicht nur die erforderliche fachliche Kompetenz mit, sondern auch eine hohe interkulturelle Kompetenz, da sie in einem fremden Land erfolgreich studiert haben. Aufgrund dessen, was sie alles bewältigt haben, scheinen sie auch sehr belastbar zu sein.

Die aktuelle Finanzkrise wird bei der Arbeitsaufnahme auch zu Veränderungen führen.

Nach einem längeren Studien- oder Arbeitsaufenthalt in Deutschland ist bei der Rückkehr in der Heimat mit einem Reintegrationsschock zu rechnen. Bekannt und untersucht ist dieses Phänomen bei Personen, die beruflich für längere Zeit im Ausland gelebt haben. Bei einem längeren Aufenthalt im Ausland findet ein Akkulturationsprozess statt. Durch die „schleichende" Anpassung an die „Gastkultur", die normalerweise nicht wahrgenommen wird, findet eine Entfremdung zur Eigenkultur statt. Zudem verändert sich jede Gesellschaft. Die Veränderung in der Heimat erfährt und erlebt der Student in der Ferne nicht unmittelbar. Kommt er nach Jahren in die Herkunftsgesellschaft zurück, ist er geschockt, da er die Veränderungen an sich und der Gesellschaft wahrnimmt bzw. er mit seinem Anderssein konfrontiert wird. In der Regel rechnen die meisten Rückkehrer nicht damit (Layes 2003b, S. 132). Während des Studiums sollten die Studenten schon auf diese Schwierigkeiten angesprochen werden. In der Beratung wird daher auf die Schaffung von Netzwerken in der Heimat hingewiesen, die Beziehungen festigen, kontinuierlich über Veränderungen in der Heimat informieren und evtl. bei der Arbeitsplatzsuche behilflich sein können.

Auch wird nach Möglichkeiten für die Finanzierung einer Zwischenheimreise gesucht, damit Kontakte mit eventuellen Arbeitgebern aufgenommen werden können.

In der Beratung ist die Suche nach Möglichkeiten der finanziellen und ideellen Unterstützung zur Rückkehr durch deutsche Institutionen, z.B. Arbeitsagentur – Zentrale Auslands- und Fachvermittlung (ZAV) und World University Service (WUS) wichtig. Die finanzielle Unterstützung bei den Reise- und Transportkosten ist eine große Erleichterung, ebenso wie mögliche Eingliederungshilfen oder Existenzgründungszuschüsse.

Eine ausführliche Beratung über die psychische Belastung ist in dieser Übergangszeit notwendig. Die Erfahrung zeigt, dass das frühzeitige Ansprechen der Verunsicherungen und Ängste wichtig ist, da sich die Studenten in den letzten Monaten ihres Aufenthaltes sehr damit beschäftigen. Dies bindet Kräfte, die für das Bestehen der Examen gebraucht werden. Studenten erleben es als Erleichterung, dass sie ihre Ängste aussprechen können und Hinweise auf Hilfe erhalten. In der Befragung durch den Autor gaben 2008 über ein Drittel der Kolleginnen und Kollegen an, dass Informationen zur Rückkehr und die Ungewissheit bei Reintegration in der Sprechstunde manchmal bis oft thematisiert würden.

Zeichen der Unsicherheit sind oft gestellte Fragen wie:

- „Wie kann ich meine Rückkehr finanzieren, Flug und Transportkosten?"
- „Finde ich nach meiner Rückkehr eine Arbeit?"
- „Ist die politische Situation in der Heimat stabil genug?"
- „Habe ich mich sehr stark verändert?"

- „Wie kann ich der Familie erklären, dass ich so lange in Deutschland war und ohne Geld zurückkomme?"
- „Wie kommt unser Kind zurecht, wenn es die Freunde aus dem Kindergarten oder der Schule nicht mehr hat und nur noch von Afrikanern umgeben ist?" Fragen sich z.B. afrikanische Eltern, die mit hier geborenen Kindern ins Herkunftsland zurückgehen.
- Wenn ein Ehepartner zurückgeht, der hier längere Zeit getrennt von der Familie gelebt hat, ist die Verunsicherung groß: „Sind die Entfremdung und die Veränderungen zu Hause so stark, dass ich eventuell nicht mehr akzeptiert werde?" (Veränderungen von Wertorientierungen und Lebenseinstellungen).
- „Kann ich Beziehungen zu „alten" Freunden wieder herstellen?"

Im Laufe der Jahre sind viele Hundert Studenten mit ihren Anliegen zum Autor in die Beratung gekommen und haben an Veranstaltungen teilgenommen. Offenheit und Bereitschaft, den Anderen in seinem Anderssein wahrzunehmen und als Individuum zu erkennen, sind der Schlüssel dafür, dass Horizonte erweitert wurden und Freundschaften entstanden. Für viele Studenten sind die Beratungs- und Hilfsangebote der Hochschulgemeinden eine sehr wichtige Stütze während ihres Studiums und zur Vorbereitung auf die Rückkehr.

Viele Studenten haben in den Jahren ihren Abschluss geschafft, sind in ihre Heimat zurückgekehrt oder haben in Deutschland Arbeit gefunden.

2.5.1 Reintegration in der Heimat

Entwicklungspolitisches Engagement

Ein Student der Politikwissenschaft aus Mali war regelmäßiger Teilnehmer an entwicklungspolitischen Veranstaltungen. Während des Grundstudiums wurde er von der ESG und KHG finanziell unterstützt. Durch die Belastungen, seinen Alltag zu bewältigen, konnte er sich nicht so intensiv auf sein Studium konzentrieren und schaffte „nur" durchschnittliche Noten. Nach dem Grundstudium erhielt er ein Stipendium des Evangelischen Entwicklungsdienstes (EED) und bestand seine weiteren Prüfungen mit guten und sehr guten Noten. Weiterhin war er Teilnehmer an oder organisierte entwicklungspolitische

Veranstaltungen und nahm sehr aktiv am interkulturellen Dialog teil. Nach seinem Examen fand er eine Stelle bei einer großen deutschen entwicklungspolitischen Stiftung in seiner Heimat.

Berufliche Gleichstellung als Frau

Eine Elektrotechnikerin aus Tansania schloss nach ihrer Ausbildung in der Heimat zwei mehrmonatige Weiterbildungen in Deutschland erfolgreich ab. Sie erwartete einen adäquaten Arbeitsplatz in dem staatlichen Energiekonzern in Tansania, bei dem sie vorher beschäftigt war. Als sie nicht ihrer guten Qualifikation entsprechend eingesetzt wurde, stattdessen immer Männer mit gleichwertiger oder gar geringerer Qualifikation diese Stellen einnahmen, entschloss sie sich nach Rücksprache mit ihrer Familie, Mann und zwei Kindern, zu einem Ingenieurstudium nach Deutschland zu kommen. Während dieser Zeit war sie in den Hochschulgemeinden aktiv und erhielt in Krisenzeiten Beratung und finanzielle Hilfen. Nach erfolgreichem Abschluss kehrte sie nach Tansania zurück. Als man ihr die zugesagte Stelle verweigerte, da sie länger als vier Jahre (was inkl. Sprachkurs und Diplomstudium normal sein muss) studiert hatte, prozessierte sie durch mehrere Instanzen und erhielt nach zwei Jahren die ihrer Qualifikation entsprechende Stelle. Sie hatte zum einen die Prozesse gewonnen und andererseits hatte ein neuer Direktor die Leitung übernommen. Sie bekam rückwirkend das entgangene Gehalt der beiden letzten Jahre nachgezahlt. Nach weiteren zwei Jahren wurde sie Bezirksleiterin und Vorgesetzte von einigen Ingenieuren.

Nutzen der „Entwicklungshilfe“

Ein indonesischer Student kehrte nach Beendigung des Studiums der Produktionstechnik nach Hause zurück und fand nach einigen Monaten eine Stellung bei einem der weltweit größten Produzenten für Holzbodenbeläge. Jahre später kam er wieder nach Deutschland, um für über 800.000 € eine Maschine zu kaufen. Seine Begründung war: „Ich habe in Deutschland die gute Qualität der Maschinen kennengelernt und meinen Chef überzeugt, in Deutschland die Maschine zu kaufen.“

Existenzgründung

Ein Student aus Kamerun studierte Elektroingenieurwesen mit dem Schwerpunkt Nachrichtentechnik. Während des Studiums wurde ihm bewusst, dass er besser neben der Theorie auch etwas Praktisches lernen solle und arbeitete zum Geld- und Wissenserwerb bei einem Radio- und Fernsehtechniker. In dieser Zeit engagierte er sich auch sehr in einem kamerunischen Verein und organisierte Veranstaltungen in der KHG und ESG. Seine Rückkehr bereitete er mit Unterstützung der Hochschulgemeinden und finanzieller Hilfe durch die Zentralstelle Auslands- und Fachvermittlung (ZAV) der Agentur für Arbeit vor. Von dort erhielt er eine Unterstützung zur Existenzgründung und machte sich in Kamerun selbstständig. Im Laufe von sieben Jahren eröffnete er drei Geschäfte, in denen Elektronikunterhaltungsgeräte verkauft und repariert werden.

Parallel zum Studium erworbene Qualifikation

Ein kamerunischer Student erkannte, dass das Erlangen des Diploms ein zu hoch gestecktes Ziel für ihn war und er es unter seinen schwierigen Bedingungen nicht erreichen würde. Er fand durch eigene Recherchen bei einer Industrie- und Handelskammer ein Qualifizierungsangebot im IT-Bereich, das er in eineinhalb Jahren schaffen konnte. Offiziell studierte er noch an der Hochschule. In dieser Zeit wurde er von den Hochschulgemeinden unterstützt. Nach bestandener Prüfung an der IHK kehrte er in seine Heimat mit der Gewissheit zurück, dass diese Qualifizierung seine berufliche Zukunft sichern würde.

2.5.2 Integration in Deutschland

Zusatzstudium eröffnet neue Perspektiven

Eine mexikanische Architektin absolvierte das viersemestrige Masterstudium Technologie in den Tropen mit dem Schwerpunkt Solarenergie. Während ihres Studiums hat sie bei zahlreichen Veranstaltungen der KHG mitgewirkt. Vereinzelt nahm sie das Beratungs- und Hilfsangebot der KHG wahr. Nach ihrem Examen arbeitete sie ca. ein Jahr in Deutschland, bis ihr betriebsbedingt gekündigt wurde. Dann versuchte sie ein Jahr in Mexiko beruflich Fuß zu fassen. Nach erfolglosen Bemühungen kehrte sie nach Deutschland zurück und arbeitet jetzt in einem Ingenieurbüro für Solartechnik.

Integration in Deutschland und Aufbaustudium

Ein Jurastudent aus Togo kam zum Weiterstudium nach Deutschland. Er engagierte sich sehr in der KHG und nahm dort auch eine beratende Stellung ein. Er erhielt in dieser Zeit finanzielle Unterstützung durch die KHG. Den Kontakt zu der Hochschule in seinem Herkunftsland hielt er immer aufrecht. Da er aufgrund seines Aufenthaltsstatus in Deutschland keine berufliche Perspektive sah, intensivierte er den Kontakt zur Heimatuniversität. Dort wurde ihm die Möglichkeit einer Externenprüfung angeboten. Er lernte im letzten Studienjahr für den Abschluss in seiner Heimat und an der Universität zu Köln. Nach erfolgreichem Bestehen der Externenprüfung in Togo wurde ihm dies auch nach weiteren Prüfungen von der Universität zu Köln anerkannt. Dadurch erhielt er auch hier das Diplom. Zwischenzeitlich lernte er eine deutsche Frau kennen, sie heirateten und wurden Eltern. Er arbeitet als juristischer Berater in Deutschland und absolvierte erfolgreich neben seiner beruflichen Tätigkeit ein Aufbaustudium in Wirtschaftsrecht.

Integration in Deutschland mit Familie

Ein Kameruner studierte Bauingenieurwesen. Er war aktiv in der KHG tätig und wurde ideell und finanziell gefördert. Als er nach dem Diplom keine Arbeit fand, schrieb er sich für den Masterstudiengang ein. Nach kurzer Zeit fand er eine Stelle als Ingenieur bei einer Zeitarbeitsfirma und brach das Masterstudium ab. Er verdient 800 € weniger als deutsche Kommilitonen in anderen Unternehmen, musste nach wenigen Wochen die Bauleitung an einem Projekt übernehmen und ist zudem für den Arbeitseinsatz von 50 Mitarbeitern zuständig. Er sieht seine Familie, Frau und zwei Kinder, nur selten, da er in der Regel einen 12-Stunden-Tag hat und sechs Tage pro Woche arbeitet. Er fühlt sich sehr belastet. Da er keine Alternative gefunden hat, sieht er so seine einzige Chance, Erfahrungen zu sammeln und Geld zu verdienen.

Trotz Hindernisse zum Erfolg

Ein Kameruner studierte Elektroingenieurwesen. Parallel dazu gründete er eine Familie (zwei Kinder) mit einer kamerunischen Studentin. Er war sehr belastet, da fast ausschließlich er das Familieneinkommen sichern musste. Vereinzelt erhielten sie finanzielle Unterstützung aus der Heimat. Durch die KHG und ESG wurde die Familie auch unterstützt. Seine Noten waren durchschnittlich. Für das Diplom fehlten ihm noch zwei Prüfungen und die Diplomarbeit. Die erste Prüfung hatte er dreimal schriftlich nicht bestanden. Daher bereitete er sich mit zwei deutschen Kommilitonen, die ebenfalls ihre letzte Chance hatten, auf die Prüfung vor. Die beiden Deutschen bestanden mit guter Note, der Kameruner fiel durch. Die drei waren entsetzt, da sie der Meinung waren, gleich gut gewesen zu sein und legten Widerspruch ein. Dieser wurde abgelehnt. Der Kameruner begann einen Prozess gegen die Fachhochschule. Da der sich in die Länge zog, suchte er eine alternative Möglichkeit und fand sie in Luxemburg. Dort absolvierte er erfolgreich sein Studium und fand in Deutschland eine Arbeit als Ingenieur. Durch seine Tätigkeit wurde er angeregt, ein Aufbaustudium in Versicherungswesen zu machen und arbeitet heute als Sachverständiger.

Fünfter Bericht: J. N., Student aus Kamerun

Man muss aktiv werden

„Ich komme aus dem subsaharischen Afrika. Ich halte mich seit knapp vier Jahren in Deutschland auf. Es ist die Verwirklichung eines meiner Kinderträume, hier in Deutschland zu studieren: Nicht nur, weil ich eine angesehene und für mich bedeutungsvolle Ausbildung mache, sondern weil ich nach besseren Möglichkeiten strebe, etwas Interessantes und Wichtiges für die Menschen zu realisieren – nicht nur für mein Heimatland, sondern auch vielleicht anderswo in Afrika. Mein persönliches Ziel ist es, selbstständig in der Energiebranche, vor allem in Afrika, zu arbeiten. Ich möchte dazu beitragen, dort beispielsweise Licht zu bringen, wo es möglich ist. Denn noch heute besteht ein deutlicher Mangel an der notwendigen Infrastruktur in diesem Teil der Erde. [...]

Ich war auch ganz besonders durch die Aussicht auf ein gebührenfreies Studium motiviert, da ich aus einer einkommensschwachen Familie komme. Eine volle finanzielle Unterstützung meines Studiums durch die Familie wäre mit den Studiengebühren nicht möglich gewesen. [...]

Ich habe sehr gute Gründe, zu glauben, dass diese Etappe meines Studiums anders hätte sein können. Ich habe gelegentlich an kulturellen und politischen Aktivitäten in den evangelischen und katholischen Hochschulgemeinden für ausländische StudentInnen mitgewirkt. Die StudentInnen, insbesondere aus Afrika und Ländern, wo die Staatsmächte die Demokratie und Menschenrechte missbrauchen und gegen die Entwicklung gerichtet sind, bekommen dadurch die Möglichkeiten, sich fast gefahrlos politisch zu engagieren.

Ich habe mit der Arbeit im Ausländerreferat des AStA vor Kurzem begonnen und auch mein Arbeitsprogramm bekannt gegeben. Durch persönliche Erlebnisse habe ich Erfahrungen gesammelt und einige Lösungen gefunden, auf die ich mich heute verlassen kann. Mit dieser Motivation möchte ich gern den „Kölner" ausländischen StudentInnen helfen. Meine Zusammenarbeit möchte ich prinzipiell durch Beratung und politische Beiträge erweitern. Die Beratung wird unter anderem auf die oben genannten Fragen die passenden Antworten und Vorschläge finden. [...]

Im Allgemeinen gehört heutzutage zum studentischen Problem die Studiengebühr, die jedes Semester bezahlt werden muss. Die Studiengebühr ist zwar wichtig und kann zur Verbesserung der Studienqualität eine entscheidende Rolle spielen, aber bedeutet für mich eine unvermeidliche Falle. Wenn man keine Förderungsmittel hat, die die geforderten Kosten decken können, z.B. reiche Eltern oder Zugang zum BAFöG bzw. Kredit, dann verliert man entweder Zeit zum Lernen, um Geld zu suchen, damit die Studiengebühr rechtzeitig bezahlt wird und man seinen Studienplatz behalten kann, oder man beschäftigt sich ausschließlich mit dem Studium und riskiert dadurch eine Exmatrikulation, weil der finanzielle Beitrag nicht geleistet wird. Meiner Meinung nach sollte die Studiengebühr verschwinden, wie sie gerade in Hessen wieder abgeschafft ist.

Es gibt glücklicherweise Institutionen und dazugehörige kompetente Mitarbeiter, die die schwer finanziell Betroffenen unterstützen. Vielleicht sollte man lieber das Budget von der KHG, ESG, AStA und anderen erhöhen, um dadurch ihre Einsatzfähigkeit zu erhöhen.

Zum Schluss hätte ich mir einen besseren Start für mein Studium gewünscht. Ich kann allerdings mit gutem Recht ein Studium in Deutschland weiterempfehlen. Man muss vor allem in der Lage sein, die aktuellen Voraussetzungen zu erfüllen, also Studiengebühren und andere Kosten selbst zu übernehmen. Man braucht auch die richtigen Informationen im richtigen Moment.

Sonst bin ich mit dem, was ich bis jetzt geschafft habe, zufrieden und freue mich auf eine gute und erfolgreiche Zusammenarbeit mit dem AStA."

3

3. Kultursensitive Beratung

„Man hilft den Menschen nicht, wenn man für sie tut, was sie selbst tun können."
Abraham Lincoln

Beratung setzt eine Ungleichgewichtigkeit voraus. Eine Person, die an sich einen Mangel an Wissen, an materiellen Gütern, fehlende psychische Balance etc. festgestellt hat und scheinbar nicht über ausgleichende eigene Ressourcen und Verhaltensrepertoires verfügt, sucht sich Beratung und Unterstützung bei einer Person, der sie in diesen Punkten mehr Kompetenz und Macht zuspricht.

Bildungsausländer kommen mit der Überzeugung nach Deutschland, dass ihre Kompetenzen für einen erfolgreichen Studienabschluss ausreichen. Wie Bildungsinländer, die ihren Lebensmittelpunkt aus der Herkunftsfamilie verlagern, begegnen ihnen hier vielfältige Herausforderungen. Dies ist zum einen die Organisation des Alltags, von den Verwaltungsaufgaben bis zu den Einkäufen, Essen zubereiten, Kleidung in Ordnung halten etc. Im Studium stellen alle fest, dass sie nicht mehr wie in der Schule zu den Besten gehören, sondern in Konkurrenz zu vielen anderen Besten treten. Ein Teil von ihnen stößt im Laufe des Studiums an finanzielle, kognitive und emotionale Grenzen und fühlt sich mit der Bewältigung der Probleme überfordert. In der Heimat hat die Familie des Bildungsausländers in der Regel die Probleme gelöst oder die Strategien aus der Heimat sind hier kaum hilfreich.

3.1 Beratungsangebote für Studentinnen und Studenten

Für Studenten gibt es unterschiedliche Beratungsmöglichkeiten. Die Hochschulen bieten überwiegend eine fachliche Beratung durch Lehrende, Zentrale Studienberatung, Akademische Auslandsämter und den Sekretariaten an.

Die Hochschulgemeinden bieten wie AStA und Studentenwerke rechtliche, psychosoziale und finanzielle Beratung an. Das Deutsche Studentenwerk ermittelte, dass 37 % aller Studenten im Erststudium professionelle Beratung innerhalb der letzten zwölf Monate vor der Befragung annahmen. Etwa die Hälfte nutzten die Angebote von Hochschule/Studentenwerk oder die Beratungsangebote außerhalb des Hochschulbereichs (DSW 2007, S. 426). Beratungs- und Informationsangebote zu finanzierungsbezogenen Themen wurden von Studenten im Erststudium etwa gleich bei den Studentenwerken/Hochschulen und außerhalb des Hochschulbereichs genutzt. Bei studien(leistungs)bezogenen Themen wurde mehr Beratung außerhalb des Hochschulbereichs und bei Problemen im persönlichen Umfeld ausschließlich außerhalb des Hochschulbereichs geholt (ebd., S. 429). Das Studentenwerk definiert „Beratungsangebot außerhalb des Hochschulbereichs" als „institutionalisierte, professionelle Beratung durch Einrichtungen, [...] deren Klientel sich nicht auf Studierende beschränkt bzw. deren Beratungsangebot inhaltlich nicht ausschließlich auf Studierende ausgerichtet ist" (ebd., S. 409).

Es ist auffällig, dass die 265 Hochschulgemeinden, in denen umfangreiche Unterstützungs-, Bildungs- und Beratungsangebote stattfinden, nicht erwähnt werden. Der fehlende Hinweis ist deshalb zu kritisieren, da vor Ort in der Regel eine gute Zusammenarbeit mit Verweis auf die jeweiligen Kompetenzen und Unterstützungsmöglichkeiten stattfindet.

21.600 Studenten haben 2007 die 41 Psychologischen Beratungsstellen des Deutschen Studentenwerks frequentiert (Pressemitteilung des DSW vom 04.11.2008). Dies weist auf einen sehr hohen Beratungsbedarf hin.

3.1.1 Beratungstätigkeit in den Hochschulgemeinden

Was bedeutet das Beratungsangebot der Hochschulgemeinden und welche Inhalte und Ziele gibt es?

- Die Beratung ist kostenlos.
- Der Zugang zur Beratung ist unabhängig von der Religionszugehörigkeit.
- Beratung ist in der Regel kurzfristig möglich.
- Die Gesprächsinhalte werden vertraulich behandelt.
- Einzel- und Gruppenberatung werden angeboten.

Inhalte und Ziele der Beratung sind:

- In der Studienberatung stehen die Wahl des geeigneten Studienfachs (persönliche Stärken und Belastbarkeit durch Studieninhalt und beruflicher Nebentätigkeit) und die Zweifel, ob das Studium fortgeführt werden soll im Mittelpunkt.
- Es werden Informationen über die eigenen, hochschulinternen, regionalen und überregionalen Angebote, die zum Gelingen des Studiums und Erweiterung eigener Kompetenzen beitragen, gegeben.
- Lehr- und Lernstile des Studenten werden analysiert. Dabei werden Möglichkeiten und Grenzen aufgezeichnet und ein verbesserter Umgang in Stress- und Prüfungssituationen erarbeitet.
- Es findet eine individuelle Beratung in Lebens- und Studienkrisen statt.
- Inhalte der Beratung können sowohl finanziell, rechtlich, psychosozial und/oder spirituell begründet sein.
- Die Wirklichkeitskonstruktion der Studenten wird wahrgenommen.
- Ressourcenorientiert werden die Potenziale und Fähigkeiten der Studenten im Dialog erarbeitet und Problemlösungsstrategien entwickelt, um weiteren Krisen vorzubeugen.

- Bei einer frühzeitigen Inanspruchnahme der psychosozialen Beratung durch den Studenten können eventuell unüberwindbare wirtschaftliche Schwierigkeiten verhindert und Chronifizierungen von Problemen vermieden werden.
- Durch die Beratung sollen die Studenten befähigt werden, Lebens- und Studienkrisen zu bewältigen.

3.1.2 Positive Aspekte der Beratung für die Hochschulen

„Der Wert einer Kultur lässt sich danach bemessen, wie sie mit ihren Minderheiten umgeht.“
Kurt Tucholsky

Die Mitarbeiterinnen und Mitarbeiter der Hochschulgemeinden haben die Situation des Individuums, die Entwicklungen in der Hochschullandschaft und die gesellschaftlichen und sozialen Bedingungen im Fokus.

Durch die Vielzahl der psychosozialen und kultursensitiven Beratungen und geistlicher Begleitung für deutsche und ausländische Studenten verbessern die Hochschulgemeinden die soziale und psychische Befindlichkeit vieler Studenten.

Die Berater werden bei Sinn-, Lebens- und Glaubenskrisen angefragt und bieten in der seelsorgerlichen Beratung und Begleitung ihre Unterstützung an. Es finden Einzelgespräche und Gruppenangebote statt. In der psychosozialen Beratung wird um finanzielle Hilfe von unverschuldet in Not geratenen deutschen und ausländischen Studenten nachgefragt und in Krisensituationen.

Es werden durch die Katholische und Evangelische Kirche große finanzielle Beiträge für die Unterstützung deutscher und ausländischer Studenten geleistet, die zu eindeutig positiven Aspekten für die jeweiligen Hochschulen führen. In großem Maße werden Gelder für die direkte finanzielle Unterstützung für unverschuldet in Not geratene Studenten zur Verfügung gestellt, die von der örtlichen KHG und ESG vergeben werden. Die Katholische Kirche in Deutschland hat 2005 nur als Sachmittel „rund 6,13 Millionen EUR für die Förderung ausländischer Studierender und Wissenschaftler“ (KAAD 2006, S. 13) eingesetzt. In der Befragung durch den Katholischen Akademischen

Ausländer-Dienst (KAAD) in den Katholischen Hochschulgemeinden wurde erhoben, aus welchen Regionen die ausländischen Studenten stammten, die 2005 Beihilfen erhielten. Dies waren 43,7 % Studenten aus Schwarzafrika, 35 % aus Nahost inkl. der Maghreb-Staaten, 11,5 % aus Osteuropa, 5,6 % aus Asien und 4,2 % aus Lateinamerika (ebd., S. 33).

Zu der finanziellen Hilfe kommt auch der hohe personelle Einsatz mit fachlich kompetenten Mitarbeitern. Das nötige Wissen erwerben die Berater in kollegialer Beratung, bei Konferenzen und Fortbildungen. In der Regel werden die dabei anfallenden Kosten durch die Haushalte ihrer jeweiligen kirchlichen Institution übernommen oder bezuschusst.

Die Berater arbeiten in regionalen und überregionalen Netzwerken und können so auf weitere Unterstützungsmöglichkeiten verweisen und Lobbyarbeit betreiben.

3.2 Kultursensitive Beratung

In der psychosozialen Beratung für ausländische Studentinnen und Studenten in den Hochschulgemeinden wird von kultursensitiver Beratung gesprochen (Yilmaz 2006, S. 280), da neben dem Wissen der unter Wirklichkeitskonstruktion in Kapitel 2 genannten Punkte der jeweilige kulturelle, ethnische und religiöse Hintergrund und somit das Wissen der jeweiligen Kulturstandards und Kulturdimensionen in den Beratungsprozess in ihrer jeweiligen Relevanz einbezogen und vom Berater berücksichtigt werden.

Kulturstandards und Kulturdimensionen können aber nur Anhaltspunkte und Interpretationshilfen für den Berater sein. Typisierende ethnische, kulturelle und religiöse Zuschreibungen (Kulturalisierungen) sind zu vermeiden, da das Individuum im Mittelpunkt steht und von der Mehrheit der Herkunftsgesellschaft oder Religionsgemeinschaft abweichen kann.

Das Angebot der psychosozialen, kultursensitiven Beratung für ausländische Studenten wird mehrheitlich von Studentinnen und Studenten aus Entwicklungs- und Schwellenländern wahrgenommen.

Kultur, Kulturstandards und Kulturdimensionen

Kultur

Kultur ist ein Orientierungssystem, das den Menschen einer Gruppe, Gesellschaft, Organisation oder Nation Wissen über die wahrnehmbare und soziale Umwelt gibt. Kultur bietet Handlungsorientierungen, die die Mitglieder in der Sozialisation und Enkulturation gelernt haben. Lebt ein Mensch lange in einer Gruppe oder Gesellschaft, dann hat er seine Wahrnehmung, sein Denken sowie seine Werte und sein Handeln so weit an die der Gruppe oder Gesellschaft ausgerichtet, dass er sich der Inhalte oft nur im Kontakt mit Menschen einer anderen Kultur bewusst wird (Thomas 2003, S. 19-31).

Durch die weltweiten Migrationsbewegungen, die Medien, Globalisierung usw. sind sowohl die Herkunftsgesellschaften als auch die deutsche Gesellschaft in einem permanenten Veränderungsprozess. In fast allen Gesellschaften gibt es nicht die eine Kultur. Es bilden sich Subkulturen, die sich intrakulturell voneinander unterscheiden. Einflüsse von dominanten Kulturen führen zu komplizierten Dynamiken, zu neuen Akkulturationsprozessen oder zur besonderen Betonung des „Anderssein". Die einzelnen Kulturdimensionen und Kulturstandards gehen immer stärker ineinander über.

Kulturstandards

Nicole Kollermann zitiert Thomas und Schenk (2001): „Kulturstandards entstehen im Laufe der Zeit durch die Auseinandersetzung von Individuen mit den besonderen sozialen, politischen und ökonomischen Bedingungen ihres Landes" (Kollermann 2005, S. 75) bzw. ihrer Subkultur. Diese geben Sicherheit und bieten Orientierung. Kulturstandards besagen, dass die Mehrzahl der Mitglieder einer Kultur sich mit diesem einen vergleichbaren Kulturstandard identifizieren. Während Kultur ein Orientierungssystem ist, sind Kulturstandards grundlegende Prinzipien des „Wahrnehmens, Denkens, Wertens und Handelns" (Thomas 2003, S. 19-31). „Eigenes und fremdes Verhalten wird aufgrund dieser Kulturstandards gesteuert, reguliert und beurteilt" (ebd., S. 25).

Kulturdimensionen

Die Kulturdimensionen sind Versuche, kulturelle Unterschiede zu klassifizieren und auf bestimmtes menschliches Verhalten zurückzuführen. Wie vorher schon beschrieben, befinden sich Gesellschaften in einem stetigen Wandel, wodurch sich auch die Kulturdimensionen ständig verändern. Sie werden hier noch aufgeführt, da sie in der Literatur immer wieder erwähnt werden. Im Kontakt mit Menschen aus verschiedenen Kulturen dienen diese Dimensionen lediglich als Orientierungssysteme. Kulturdimensionen als ausschlaggebende Faktoren für Urteile über menschliches Verhalten oder gar ausschließlich zur Beschreibung von Konflikten in der interkulturellen

Begegnung heranzuziehen, führt zur Kulturalisierung. Diese Gefahr sollte nicht unterschätzt werden. Dabei ist zu bedenken, dass es durchaus möglich ist, dass man Menschen begegnet, deren Einstellungen und Verhalten von der Mehrheit abweichen. Daher finden Kulturdimensionen in der kultursensitiven Beratung und in interkulturellen Trainings nur insofern Berücksichtigung, als sie hilfreich im Verstehen von Verhalten und Wertorientierungen sein können. Bei den Kulturdimensionen gibt es Überschneidungen. Beispiele sind: Individualismus vs. Kollektivismus; hohe vs. niedrige Machtdistanz; polychromes Denken vs. monochromes Denken (Definitionen von Kulturstandards bei Hofstede 1997, Trompenaars [s. Berninghausen 2004, S. 20 f.] und Hall [s. DGFP 2004, S. 34-36]). Beschreibungen der Kulturdimensionen finden sich als Ergänzung zum Buch unter: www-fhok.de (Suchbegriff „kultursensitiv")

Anfang 2008 wurde ein Fragebogen vom Autor zu dem Themenkomplex „Internationalisierung des Studiums" in alle Hochschulgemeinden geschickt. Kolleginnen und Kollegen aus 45 Gemeinden schickten den Fragebogen ausgefüllt zurück. Einige Gemeinden berichteten, dass sie keine bzw. nur wenige ausländische Studenten in der Gemeinde hätten und daher von einer Beantwortung Abstand nähmen. Viele Gemeinden sind personell so gering besetzt, dass die Beantwortung des Fragebogens unverhältnismäßig viel Zeit beansprucht hätte.

Gefragt wurde darin nach den interkulturellen und interreligiösen Angeboten, der Teilnahme von deutschen und ausländischen Studenten und den Veränderungen in den letzten Jahren, der finanziellen und personellen Situation und der Bündnispartner. Ein wichtiger Komplex war der Inhalt der Beratung. Allein aus den Rückmeldungen ist zu entnehmen, dass mehrere tausend Bildungsausländer (Rückmeldung ca. 4.800 – beim Fehlen größerer Gemeinden) Beratung und besonders finanzielle Hilfe erhalten haben. Doppelungen sind möglich, da in manchen Orten Bildungsausländer nach Absprache sowohl von der KHG als auch von der ESG unterstützt werden. Die Zahl der Beratungsgespräche dürfte ein Mehrfaches höher sein, da viele Studenten mehrmals pro Jahr die Beratung, auch ohne Ersuchen von finanzieller Hilfe, in Anspruch nehmen. Wie in Kapitel 3.1 berichtet, wird die umfassende Beratungstätigkeit außerhalb der Hochschulgemeinden kaum wahrgenommen. Daher werden diese Ergebnisse jetzt ausführlicher dargestellt (vgl. Esser 2009b).

Welche Punkte werden in Eurer Beratung von den Ratsuchenden oder Euch angesprochen?
Versucht bitte, die Bereiche anzukreuzen, die in Eurer Sprechstunde nachgefragt werden.

(o = oft; m = mittel; s = selten; n = nie; O.A. = Ohne Angaben)
Die Prozentangaben wurden auf- oder abgerundet, daher nicht immer 100 %

FINANZIERUNGSBEZOGENE THEMEN

Finanzierung des Studiums (Arbeitssuche, Ausgaben Miete, Krankenversicherung, Studienbeiträge usw.)				
o 93 %	m 0 %	s 2 %	n 0 %	O.A. 4 %
Vereinbarkeit von Studium und Erwerbstätigkeit				
o 60 %	m 18 %	s 9 %	n 2 %	O.A. 11 %
Vereinbarkeit von Studium und Kind				
o 9 %	m 24 %	s 53 %	n 7 %	O.A. 7 %

STUDIEN(LEISTUNGS)BEZOGENE THEMEN

Zweifel, das Studium fortzusetzen				
o 0 %	m 29 %	s 56 %	n 11 %	O.A. 4 %
Arbeitsorganisation, Zeitmanagement				
o 13 %	m 42 %	s 33 %	n 4 %	O.A. 7 %
Arbeits- und Konzentrationsschwierigkeiten				
o 13 %	m 47 %	s 29 %	n 4 %	O.A. 7 %
Lern-/Leistungsprobleme				
o 9 %	m 47 %	s 38 %	n 0 %	O.A. 7 %
Prüfungsangst				
o 2 %	m 38 %	s 42 %	n 11 %	O.A. 7 %

Probleme im persönlichen Umfeld

Depressive Verstimmungen				
o 9 %	m 36 %	s 47 %	n 2 %	O.A. 7 %
Mangelndes Selbstwertgefühl				
o 2 %	m 27 %	s 47 %	n 18 %	O.A. 7 %
Partnersuche (Wunsch nach Beziehung)				
o 2 %	m 9 %	s 53 %	n 29 %	O.A. 7 %

Partnerschaftsprobleme

Gleichkulturelles/gleichreligiöses Paar				
o 0 %	m 13 %	s 44 %	n 33 %	O.A. 9 %
Bikulturelles/bireligiöses Paar				
o 7 %	m 4 %	s 58 %	n 22 %	O.A. 9 %
Erziehungsschwierigkeiten				
o 0 %	m 0 %	s 27 %	n 64 %	O.A. 9 %
Probleme im familiären Umfeld (z.B. Erkrankungen, Tod usw.)				
o 27 %	m 44 %	s 11 %	n 2 %	O.A. 16 %
Kontaktschwierigkeiten				
o 13 %	m 38 %	s 33 %	n 9 %	O.A. 7 %
Probleme mit Alkohol und Drogen				
o 0 %	m 0 %	s 31 %	n 60 %	O.A. 9 %

Ausländerstatus/Fern der Heimat

Probleme bei der Visumverlängerung				
o 31 %	m 24 %	s 24 %	n 2 %	O.A. 18 %
Fehlende Möglichkeit Studienfachwechsel				
o 4 %	m 29 %	s 49 %	n 11 %	O.A. 7 %
Diskriminierung in der Hochschule				
o 2 %	m 9 %	s 58 %	n 24 %	O.A. 7 %

Diskriminierung im Alltag				
o 4 %	m 27 %	s 53 %	n 9 %	O.A. 7 %
Eingeschränkte Arbeitserlaubnis				
o 51 %	m 20 %	s 18 %	n 2 %	O.A. 9 %
Sehnsucht nach der Familie				
o 47 %	m 36 %	s 11 %	n 0 %	O.A. 7 %
Ungewissheit über Gesundheitszustand von Familienangehörigen				
o 11 %	m 42 %	s 31 %	n 9 %	O.A. 7 %
Ungewisse politische Situation in der Heimat				
o 13 %	m 47 %	s 31 %	n 4 %	O.A. 4 %
Studienabbruch				
o 2 %	m 11 %	s 58 %	n 20 %	O.A. 9 %
Informationen zur Reintegration				
o 7 %	m 29 %	s 44 %	n 13 %	O.A. 7 %
Ungewissheit bei Reintegration				
o 13 %	m 22 %	s 40 %	n 11 %	O.A. 13 %

3.2.1 Überwindung von Zugangsbarrieren

Bevor in Not geratene Menschen ein Beratungsangebot in Anspruch nehmen, haben sie meist schon zahlreiche Zugangsbarrieren überwunden. Dies gilt in starkem Maße für Menschen, die nicht in dieser Kultur aufgewachsen sind.

Bildungsausländer hofften durch die Aktivierung der eigenen Problemlösungsressourcen, dass eine Inanspruchnahme von Fremdhilfe nicht notwendig sei. Irgendwie würden sie es schon schaffen.

Über ihre Schwierigkeiten sprechen nur wenige mit Familienangehörigen in der Heimat. Sie denken, dass diese die Probleme nicht verstehen und auch nicht helfen könnten oder sie wollen verhindern, dass diese sich noch mehr Sorgen machen. Verstärkt berichten das Studentinnen, da die Eltern sie oftmals ungern ins Ausland haben gehen lassen. Im Freundeskreis wird selten über individuelle, häufiger über finanzielle Schwierigkeiten gesprochen. Schwer fällt ihnen das

Eingeständnis, für eine Verbesserung ihrer Lage Hilfe bei einer Institution zu erfragen. Sie haben das Gefühl, versagt zu haben.

„Du weißt nicht, wie schwer die Last ist, die du nicht trägst."
Westafrikanisches Sprichwort

Zugangsbarrieren für die Ratsuchenden können sein:

- Vielen ist ein so ausgeprägtes Betreuungssystem durch z.B. Hochschulgemeinden und Studentenwerke, AStA usw. nicht bekannt.
- Je nach positiven oder negativen Erfahrungen mit anderen Behörden und Institutionen fällt das Aufsuchen einer Beratungsstelle leichter oder schwerer.
- Erleichtert wird der Schritt in die Beratung, wenn sie durch eine Person des Vertrauens empfohlen wurde.
- Sie müssen mit der Enttäuschung leben, dass das private Netzwerk, Familie und Freundeskreis, die Hilfe nicht erbringen konnte. Können sie ein weiteres Nachfragen nach Hilfe und eine eventuelle Ablehnung verkraften?
- Je nach Dauer des Aufenthaltes in Deutschland rechnen sie mit sprachlichen Verständigungsschwierigkeiten oder sind verunsichert, ob ihr Gegenüber fachlich und kulturell so sensibilisiert ist, die Anliegen zu verstehen.
- Viele Studenten, besonders aus kollektivistischen Kulturen, sind so erzogen worden, dass Probleme, die man hat, in der Herkunftsfamilie gelöst werden sollen. Daher ist eine „Veröffentlichung" zu vermeiden. Eine Veröffentlichung ist sehr schambesetzt (siehe Kapitel 3.4.3).
- Muslimische Studenten berichten auch, dass ihnen von Bekannten gesagt wurde, es sei Harâm (etwas Verbotenes) zu einer christlichen Beratungsstelle zu gehen. „Harâm" wird verstanden als das „Brechen moralischer und sozialer Konventionen" (Troll 2003, S. 34).
- Es gibt auch den Beratungseinrichtungen gegenüber Vorbehalte, da sie deren ethische und fremdkulturellen Positionen nicht kennen, z.B. ob nur Deutsche oder nur Katholiken in der Katholischen Hochschulgemeinde Hilfe erhalten können.
- Welches Menschenbild und Problemverständnis herrscht in der Einrichtung?

- Welche Gegenleistungen werden erwartet?
- Welche Gegenleistungen können sie erbringen?
- Arbeitet die Hochschulgemeinde mit der Ausländerbehörde zusammen und geben die Berater das Wissen um die finanzielle Situation der Bildungsausländer weiter? Könnte das bei einigen zu aufenthaltsrechtlichen Konsequenzen führen? Es ist beruhigend für sie zu erfahren, dass die Daten vertraulich behandelt werden.

3.2.2 Voraussetzungen für eine gelingende Beratung

Der Ratsuchende kommt in die Beratung, da er Rat und Hilfe erwartet. Oftmals werden hohe Erwartungen an den Berater gerichtet. Ihm wird unterstellt, dass er sich in den Studien- und Rechtsfragen auskenne, über große finanzielle Ressourcen und über ein so gutes Netzwerk verfüge, dass er dem Ratsuchenden helfen kann. Daher soll in der Beratung der Versuch unternommen werden, die Aufgaben der Beratungsstelle und die Möglichkeiten und Grenzen des Beraters darzustellen. Ist eine Vertrauensbasis hergestellt, ist es oft für Bildungsausländer wichtig, dass die gleiche Person auch weiterhin Ansprechpartner bleibt, teilweise auch nach Beendigung des Studiums. In der Beratung kann das bedeuten, dass der Berater, zu dem einmal Vertrauen gefasst wurde, immer wieder in Entscheidungen oder Schwierigkeiten mit einbezogen wird, auch wenn er für die Angelegenheit nicht unmittelbar zuständig ist.

Einige der Voraussetzungen für eine gelingende Beratung sind:

- Neben dem räumlichen und zeitlichen Setting, der Freiwilligkeit und Offenheit der Ratsuchenden sind der Wunsch, die Situation zu verändern und die Person des Beraters wichtig.
- Ist der Schritt zur Beratung schon sehr schwer (vorheriges Kapitel), so soll der Ratsuchende mit Herzlichkeit aufgenommen werden, damit er Vertrauen gewinnen und sich öffnen kann. Das Begrüßungsverhalten und die Gesprächseröffnung können den weiteren Verlauf des Gesprächs entscheidend beeinflussen. Daher sind Fragen nach der allgemeinen Befindlichkeit, bei Wetterveränderungen ein belangloses Gespräch darüber, das Anbieten eines kalten Getränkes im Sommer oder eines warmen im Winter

wichtig, um die Anspannung aus der für den Ratsuchenden oft peinlichen Situation zu nehmen.

- Ein Beratungsgespräch mit Bildungsausländern beansprucht viel Zeit, den Gebrauch einer klaren deutlichen Sprache und je nach passivem Wortschatz des Ratsuchenden eine einfache Wortwahl, mehrere unterschiedliche Umschreibungen oder den Gebrauch einer anderen Sprache als Deutsch.
- Mit großem Einfühlungsvermögen (Empathie) kann der Berater die Differenz zwischen sich und dem Ratsuchenden verringern. Die „deutsche" Direktheit kann verletzend sein, wenn das nötige Vertrauen fehlt bzw. noch wenig Erfahrung mit Direktheit vorliegt. Bei bestimmten Anliegen oder zur Information, um die Vergabe von Geldern zu rechtfertigen, ist eine direkte Befragung allerdings notwendig.

3.2.3 Irritationen in der Kommunikation

In der Beratung kommen auch die Aspekte zum Tragen, die im Alltag erlebt werden. Die Wahrscheinlichkeit des Missverstehens in der Kommunikation zwischen Angehörigen einer Kultur ist groß, da der Sender offen eine Information gegeben, verdeckt allerdings weitere Signale gesendet hat. Vom Empfänger können Information und Signale anders aufgenommen und interpretiert werden (Schulz von Thun 1990, S. 25-68). Irritationen und Missverständnisse in der Kommunikation und Wahrnehmung treten auch dann auf, wenn die Normalitätserwartungen einer Person mit der angetroffenen Situation nicht übereinstimmen. Dies ist besonders bei Menschen mit fremdkulturellem Hintergrund der Fall. „Menschen orientieren sich an ihren eigenen Werten, Normen und Beurteilungsmaßstäben. Deshalb werden die Verhaltensweisen von Fremden vor dem Hintergrund der eigenen Kulturstandards leicht fehlinterpretiert" (Kollermann 2005, S. 75). Zu Irritationen führen auch die eingesetzten Kommunikationsmittel. Unterschiede bestehen in der verbalen, nonverbalen und paraverbalen Kommunikation.

Beispiel: Studenten aus dem Nahen Osten berichten oft, dass sie in der Anfangsphase in Köln den Eindruck hatten, die Kölner würden sich viel streiten. Sie nahmen bei der Beobachtung von Gesprächssituationen die Lautstärke und Modulation als sehr aggressiv wahr.

Verbale Kommunikation: Bedeutung von Begriffen, Themen, Sprechakte, Argumentationsmuster, Direktheit und Indirektheit,

Nonverbale Kommunikation: Körperhaltung, Proxemik (Körperabstand d.V.), Gestik, Mimik, Blickkontakt, (Kleidung d.V.)

Paraverbale Kommunikation: Modulation der Stimme, Lautstärke, Regeln des Sprecherwechsels" (Forschungsschwerpunkt „ik Kompetenz" der FH Köln 2005), Intonation, Sprechtempo, Sprechpausen.

Zur Verdeutlichung, dass Irritationen in der Kommunikation sehr wahrscheinlich sind, kann auf die Eisberg-Analogie zurückgegriffen werden.

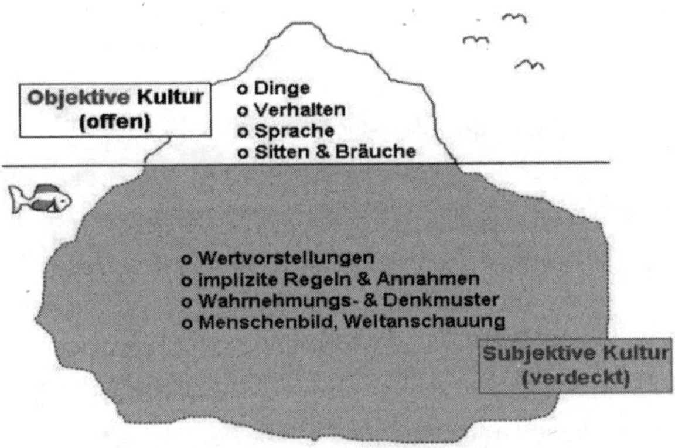

Quelle: Forschungsschwerpunkt „ik Kompetenz" der FH Köln 2002

Eisberg-Analogie

Mithilfe der Eisberg-Analogie werden die sichtbare „objektive Kultur" und die unsichtbare, unter Wasser liegende „subjektive Kultur" einer Gesellschaft und somit eines Individuums verdeutlicht. Die aus dem Wasser ragende Spitze (die objektive Kultur) ist beobachtbar und wird im Alltag kommuniziert. Als Vorbereitung eines Auslandsaufenthaltes kann man sich mit vielen Elementen dieser Spitze vertraut machen, z.B. durch Literaturstudium, Internetrecherche, durch Informationen von „Rückkehrern" oder in interkulturellen Trainings. Während des

Auslandaufenthaltes kann man das Erlernte überprüfen und eventuell korrigieren.

Die subjektive Kultur beinhaltet zahlreiche Bereiche, die für Außenstehende schwer zugänglich sind und nur in einem langwierigen kommunikativen Prozess erschlossen werden können. Je größer die Fähigkeiten zur interkulturellen Kompetenz sind, desto besser kann die subjektive Kultur erschlossen werden. Während eines längeren Auslandsaufenthaltes findet ein Akkulturationsprozess statt, der zu Veränderungen und einer Übernahme von Elementen der „subjektiven" Kultur führt.

Kulturbegegnung

Bei der Begegnung zweier Menschen ist es möglich, dass einer bei sich ein Unwohlsein verspürt, ohne zu wissen, warum.

Beispiel: In einigen u.a. arabischen oder afrikanischen Gesellschaften ist es absolut unerwünscht, z.B. seinem Gegenüber beim Sitzen die Fuß- oder Schuhsohle zu zeigen (sitzen mit übereinander geschlagenen Beinen). Diese haben auf dem Boden zu ruhen oder müssen verdeckt sein. Hintergrund: Auf den Wegen könnten Tiere Exkremente hinterlassen haben, in die man versehentlich getreten ist. Zeige ich meinem Gegenüber nun meine Sohlen, fühlt er sich mit

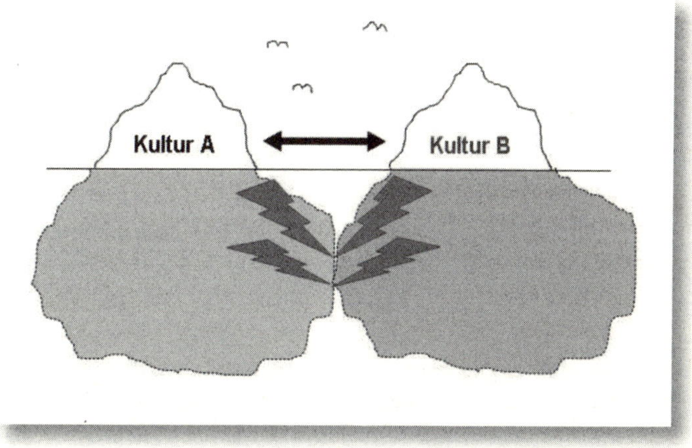

Quelle: Forschungsschwerpunkt „ik Kompetenz" der FH Köln 2002

den möglichen „Hinterlassenschaften“ gleichgesetzt und ist zu Recht empört. In der Regel wird man nur an der Reaktion wahrnehmen, dass etwas „schiefgelaufen“ ist.

Die Abbildung verdeutlicht dies. Scheinbar „offen“ gehen z.B. zwei Menschen miteinander um, doch „unter Wasser“ stoßen sie schon zusammen. Es gibt viele Konfliktpunkte, z.B. Hierarchie, politische und religiöse Tabus, Kleiderordnungen, die zu einem Misslingen der Kommunikation führen können. Sehr oft ist man sich der Ursache nicht bewusst. Ein Beispiel aus dem Bereich der *Wahrnehmung*, das neben all den optischen Täuschungen etc. Irritationen verdeutlicht:

Was ist zu sehen? Die Perspektive macht es!

Handschuck/Klawe 2004

So wird aus einem Clownsgesicht ein lebendiger Zirkus mit Artisten und Tieren.

Sprachliche Kompetenz

Unterschiedliche sprachliche Kompetenz kann zu zahlreichen Unterstellungen und Missverständnissen zwischen Muttersprachlern und Nicht-Muttersprachlern führen. Viele dieser Missverständnisse werden erst nach Herstellung einer Vertrauensbasis angesprochen, belasten allerdings bis dahin die Kommunikation.

Missverständnisse zwischen Muttersprachlern und Nicht-Muttersprachlern können bei den Nicht-Muttersprachlern Unsicherheit als Ursache haben.

- Sie glauben, etwas nicht richtig verstanden zu haben.
- Sie vermeiden wegen ihres mangelnden Wortschatzes Themen.
- Sie gebrauchen einfache Erklärungen.

Als Konsequenz glauben Muttersprachler,

- „dass Nicht-Muttersprachler dümmer sind" und
- „etwas verbergen."
- Zudem halten sie Nicht-Muttersprachler „für unhöflich" (Forschungsschwerpunkt „ik Kompetenz" der FH Köln 2005).

Um die Irritationen in der interkulturellen Begegnung so gering wie möglich zu halten, ist es wichtig,

- dass sich die Kommunikationspartner die Unterschiede bewusst machen;
- dass sie hinterfragen, ob sie das Gesagte richtig verstanden haben;
- dass sie hinterfragen, ob sie selbst richtig verstanden wurden;
- dass sie sich mit Bewertungen und Interpretationen zurückhalten;
- dass sie geduldig auf das Gesagte des Gegenübers eingehen.

„Die Welt ist aber reicher,
als dass sie durch eine einzige Sprache
ausgedrückt werden könnte."
Ilya Prigogine

3.3 Ratsuchender und Berater

In der psychosozialen, kultursensitiven Beratung besitzt *alles* Mitteilungscharakter.

- Dies betrifft die verbale, nonverbale und paraverbale Kommunikation.
- Zwei Muttersprachler sitzen bei der Beratung am Tisch, die des Ratsuchenden und die des Beraters. Muttersprache ist verbunden

mit den „ersten Liebkosungen und Ermahnungen, wir lernen Regeln und Überzeugungen" (Eberding 2004, S. 92). Muttersprache vermittelt somit Zugehörigkeitsgefühl. Sprache ist auch Mittler von Riten und Bräuchen, Zugangsweg zu Symbolen und unserer Fantasie. Das bedeutet für den fremdkulturellen Berater eine Konfrontation „mit einem mindestens doppeltgroßen Reichtum an Wissen, Bildern und Geschichten, an Regeln, Normen, Überzeugungen, an Handlungsoptionen und Problemlösungsstrategien" (ebd., S. 92 f.).

- Auch die Einfachheit oder Differenziertheit der Kommunikationssprache beeinflussen den Beratungsprozess bei dem Ratsuchenden und dem Berater, ebenso wie die unterschiedliche semantische Bedeutung der Worte.
- Konflikte, wie Missverständnisse, ungewollte Kränkungen und Abwertungen etc. sind sehr wahrscheinlich und zu berücksichtigen. Sie sind jedoch nicht ausschließlich interkulturell zu deuten, sondern liegen auch in der jeweiligen Person. Unsere emotionale Befindlichkeit und unser Wissen wurden in unserem Gedächtnissystem muttersprachig neuronal vernetzt. Die neuronale Vernetzung lässt sich auch fast nur über persönliche, emotional besetzte Gespräche und/oder gute interkulturelle Trainings positiv verändern. In ihnen werden die Teilnehmer bei Simulationen und Rollenspielen emotional angesprochen, irritiert und lernen viel über sich.
- Das jeweilige Geschlecht (Gender, als soziale Rolle, die einem von der jeweiligen kulturellen und religiösen Gesellschaft zugeteilt wird) des Ratsuchenden und des Beraters haben auch Einfluss auf die Beratung, auf den Inhalt und die Akzeptanz. Das bedeutet auch:
- Welche Themen werden wie angesprochen?
- Welcher Respekt der Beraterin oder dem Berater entgegengebracht wird usw. wird auch überwiegend durch das jeweilige Geschlecht bestimmt.
- In den Herkunftskulturen vieler ausländischer Studentinnen und Studenten definieren „Männer und Frauen ihr Gefühl für den eigenen Wert zu einem erheblichen Teil über ihr Geschlecht" und es ist zu bedenken, dass das „Körpererleben ein wichtiger Aspekt ihrer Existenz ist" (Banning 1995, S. 91).

- Die Konstellation Weißer als Berater und Schwarze/Schwarzer als Ratsuchende ist auch vorbelastet. Die Beteiligten haben in ihrem Leben Zuschreibungen und Erlebnisse aufgrund ihrer Hautfarbe erfahren. „Weiß-Sein und die damit verknüpfte Privilegierung" (Wachendorfer 1998, S. 55) ist in der Regel dem Berater nicht bewusst, für den Schwarzen sind das Bewusstsein seines Schwarz-Seins und die Benachteiligungen und Diskriminierungen aufgrund seiner Hautfarbe ein alltägliches Erleben. Die Diskriminierungserfahrungen können aber auch zu Vorurteilen in der Begegnung mit Weißen führen.
- Die mit einer religiösen Zugehörigkeit verbundenen Bilder/Vorurteile können auch Einfluss auf die Beratungssituation haben. So kann das Bild, das Muslime von Christen in Deutschland haben, als Angehörige der abendländischen, westlichen Gesellschaft, negativ vorbelastet sein (vgl. Kapitel 4.1.4). Der Berater sollte sich auch dessen bewusst sein, was im Kontakt mit muslimischen Studenten z.B. Frauen mit Kopftuch oder Männer mit Bart und stark religiös geprägten Ansichten bei ihm auslösen können.
- Die Lebensgeschichte und die Lebenserfahrungen der ausländischen Studenten unterscheiden sich in der Regel stark von denen des Beraters. Daher gibt es auch unterschiedliche „Auffassungen davon, was richtig und falsch, normal und unnormal, wahr und unwahr ist" (Banning 1995, S. 32).

„Erst wenn wir aufhören, uns als Zentrum aller Werte
zu betrachten, können wir anfangen, die Anderen zu verstehen."
Dieter Dorn

Aus dem Aufgeführten wird deutlich, wie wichtig es ist, in der interkulturellen Begegnung und besonders in der kultursensitiven Beratung auf alle verbalen, para- und nonverbalen Signale zu achten. Dies umso mehr vor dem Hintergrund von Untersuchungen, dass nur 7 % der Wirkung einer Botschaft auf deren sachlichen Inhalt entfallen. Dagegen werden 93 % durch nonverbale und paraverbale Signale vermittelt, aufgeteilt in 58 % Anteil der Körpersprache und 35 % Anteil der Stimme (vgl. Ulrich 2000, S. 159).

3.3.1 Ratsuchender

Es ist für den Ratsuchenden nicht einfach, ein Beratungsangebot wahrzunehmen. Für die finanzielle Anfrage um Hilfe bedeutet dies für den Ratsuchenden, dass er eine „persönliche Niederlage" erlitten hat. Er ist „an das Ende der eigenen Handlungsmöglichkeiten und Handlungsfähigkeiten gekommen" (Bolay 1998, S. 37). Diese Situation ist in der Regel für den Ratsuchenden beschämend. Hier zeigt sich eine Parallele zu Sozialgeld- und Arbeitslosengeldempfängern. „Almosen zu empfangen ist nicht nur das öffentlich gewordene Eingeständnis eines gesellschaftlichen Unterlegenseins, Signal eines Statusverlustes, sondern zugleich Beschämung des Selbstwertgefühls" (ebd., S. 40). Ausländische Studenten fragen bei einer erhaltenen finanziellen Hilfe nach, ob sie in der Gemeinde bei Bedarf helfen könnten, denn: „Keine Gegenleistung zu haben, führt zur Beschämung" (ebd., S. 39). Daher ist die Einbeziehung von Studenten, die finanzielle Hilfe erhalten haben, in die Gemeindearbeit von großer Bedeutung.

Den Mitarbeitern vieler Hochschulgemeinden stehen Gelder in unterschiedlicher Höhe zur Vergabe an unverschuldet in Not geratene ausländische und teils auch deutsche Studenten zur Verfügung. Das folgende Vorgehen wird in vielen Gemeinden so oder ähnlich praktiziert. Gelder werden nur nach einem ausführlichen Beratungsgespräch vergeben und nur an die Personen, die in dem jeweiligen Standort der Hochschulgemeinden studieren. Dazu muss der Ratsuchende seine finanzielle Situation offen darlegen. Der Berater weist auf die Notwendigkeit der korrekten, überprüfbaren Angaben hin. Er lässt sich daher die Kontoauszüge der letzten drei Monate vorlegen und vom Ratsuchenden eine Aufstellung mit den Einnahmen der letzten zwölf Monate machen und welche monatlichen Ausgaben er hat. Dabei können verschiedene Ausgaben und Unklarheiten, z.B. bei Ratenzahlungen, angesprochen werden. Je nach Semesterzahl ist auch ein Notenspiegel vorzulegen. Manchmal wird dies von den Ratsuchenden als Misstrauen wahrgenommen. Der Berater hat mit dem Hinweis, dass er selber nachweisen muss, wer das Geld warum erhalten hat und seinem Einfühlungsvermögen in die Lebenswirklichkeit des Ratsuchenden die Chance, dieses Misstrauen zu reduzieren und ein offenes Gespräch zu führen. Den Studenten wird auch erklärt, dass sie das Geld gern zurückzahlen können, wenn sie wieder über Geld verfügen. Im Falle einer Vergabe des Geldes nur als Darlehen würde der Druck auf die Studenten weiter erhöht, wenn sie das Geld in der anberaumten Frist nicht zurückzahlen könnten.

Die Katholische und die Evangelische Kirche gehören zu den wenigen Institutionen, die Beihilfen für Bildungsausländer in nennenswerter Größe zur Verfügung stellen, ohne das Geld zurückzufordern.

Vereinzelt vergeben die Studentenwerke und Vereine geringe Mittel. Es gibt seitens der Hochschulen nur wenige Abschlussförderungen und die Studiendarlehen müssen in der Regel zurückgezahlt werden. Zur Vergabe ist meist ein Bürge notwendig.

Stipendienorganisationen gewähren Bildungsausländern in der Regel Stipendien unter der Bedingung, dass der Student nach dem Studium in seine Heimat oder ein Entwicklungs- oder Schwellenland zurückgeht. Die Gelder müssen dann zurückgezahlt werden, wenn der Student aber in Europa bleibt und arbeitet.

„Das Land, das die Fremden nicht beschützt,
ist zum Untergang verurteilt.“
Johann Wolfgang von Goethe

In der Regel erwarten die Ratsuchenden vom Berater eine schnelle Hilfe bei der Bewältigung ihrer finanziellen Probleme und eine Beratung in rechtlichen Fragestellungen. Je nach Bereitschaft der Ratsuchenden sich zu öffnen, kommt die Studien- und Lebenssituation zur Sprache. Nach dem Erstgespräch wird vereinbart, ob man sich in den nächsten Tagen wieder trifft, um die angesprochenen Inhalte zu vertiefen und nach weitergehenden Lösungen zu suchen. Teilweise wird ein Zeitplan aufgestellt, in dem der Ratsuchende Probleme angehen sollte. Die meisten Ratsuchenden kommen im Laufe ihres Studiums mehrmals in die Hochschulgemeinden, da ihnen die Berater und das Beratungssystem vertraut geworden sind und sie die Unterstützungsmöglichkeiten als hilfreich wahrgenommen haben.

3.3.2 Berater

Der Berater geht mit seinen Erwartungen, Hoffnungen und Befürchtungen, seinen Kommunikationsmustern, Normen, Werten und Vorurteilen und Vorerfahrungen und seiner aktuellen Befindlichkeit in das Beratungsgespräch. Auf der Seite des Beraters bedeutet psychosoziale Beratung aber auch, dass er „sich einlässt auf Nöte, Unzulänglichkeiten, Schwierigkeiten, Unverständlichkeiten des anderen, die ein besonderes, jenseits aller Verrechenbarkeit angesiedeltes Eingehen, Mitgehen verlangen" (Thiersch 1998, S. 23).

Der Berater sollte sich des Auftrags der Institution, seines Berufsstandes, den Zielen seines Handelns und seiner beruflichen Kompetenzen, seiner Motivation, seines Menschenbildes und seiner eigenen Selbst- und Fremdbilder bewusst sein.

„Alles, was ihr also von anderen erwartet,
das tut auch ihnen! (Mt. 7,12)"
Die „Goldene Regel" lautet in allen Weltreligionen ähnlich.

Ratsuchender und Berater stammen in der Regel aus unterschiedlichen Kulturen. Für einen offenen Dialog ist es daher wichtig, dass der Berater sich u.a. mit folgenden Fragestellungen auseinandergesetzt hat:

- Wie wurde ich durch meine Herkunftskultur geprägt?
- Habe ich besondere Einstellungen den Ratsuchenden, je nach Geschlecht, Menschentyp, Herkunftsland, ethnischer Gruppe, Religionszugehörigkeit etc., gegenüber?
- Wie sehr beeinflusst mich mein soziokulturelles Milieu, in dem ich lebe, im Kontakt mit der Klientel?
- Welche Einstellungen habe ich generell „Fremden" gegenüber?
- Wie gehe ich auf „Fremde" zu und wie verhalte ich mich im Kontakt?

3.4 Das Beratungsgespräch

3.4.1 Psychisches Erleben des Studenten

Wenn ausländische Studenten die Hochschulgemeinden zur Beratung aufsuchen, bitten sie meist bei den Erstgesprächen um finanzielle Hilfe. Sie sind überrascht, wenn in der Beratung auch ihre anderen Probleme zum Gesprächsinhalt werden.

Die meisten ausländischen Studenten kommen aus Kulturen, in denen die Gemeinschaft wichtiger als der Einzelne ist und in denen Hierarchien, Gefühlsäußerungen und Gesundheits- und Krankheitsvorstellungen von den hier Vorherrschenden abweichen.

In der Beratung ausländischer Studenten werden auch die Erfahrungen aus der Arbeit mit Migranten einbezogen.

- In der Beratung und in anderen Gesprächen sind bei der Problemschilderung persönlicher Erlebnisse die subjektive und die objektive Dimension zu unterscheiden. So kann es sein, dass eine alltägliche Situation von ausländischen mit deutschen Studenten als „ausländerfeindlich" erlebt wird, die jedoch für hier herrschende Umgangsformen und Kulturstandards „normal" ist.
- Diese Erkenntnis kann manchmal das Leid etwas lindern und mit der Zeit zu mehr Akzeptanz führen. Mithilfe der Grafiken „Eisberg-Analogie" und „Kulturbegegnung" aus Kapitel 3.2.3 kann der Berater z.B. die unterschiedlichen Verhaltensweisen und Wertvorstellungen und die daraus resultierenden Irritationen verdeutlichen.
- Als Erklärungsversuch bzw. als Entschuldigung für eigene Verhaltensweisen in der Kommunikation geben Studenten oft das Verwurzelt-Sein in ihrer Kultur an. „Bei uns verhält man sich immer so!" In der Beratung und in interkulturellen Trainings hat es sich als positiv erwiesen, den Studenten zu erklären, dass Kommunikation ein zirkulärer Prozess ist und sich aus den drei Teilaspekten: „kulturelle Einbettung", „individuelle Persönlichkeit" und der „Kommunikationssituation" zusammensetzt (Handschuck/Klawe 2004, S. 213). Wenn ein Drittel der Kommunikation durch die kulturelle Einbettung eines jeden Teilnehmers geprägt ist, ein Drittel von der jeweiligen Persönlichkeit, die sich im Laufe des Lebens so

entwickelt hat und ein Drittel durch die Kommunikationssituation: „Wo spreche ich mit wem, wann, über was und wie ist das hierarchische Gefüge?", gibt das jedem Einzelnen die Chance, sein Verhalten zu hinterfragen und gegebenenfalls zu ändern.

„Der Mensch ist nicht das Produkt seiner Umgebung.
Vielmehr ist seine Umgebung ein Produkt des Menschen."
Benjamin Disraeli

- Das in der Enkulturation und Sozialisation erworbene kulturelle Wissen mit den Normen, Werten und Verhaltensweisen ergibt keine statischen kulturellen Persönlichkeitsmerkmale. Vielmehr verändert sich jeder Mensch durch seine sozialen, ökonomischen, politischen und geistigen Lebensumstände.

Im Prozess der *Enkulturation* werden kulturelle Werte, Normen und Verhaltensweisen gelernt. In der *Sozialisation* findet der gesellschaftliche Anpassungsprozess an diese Werte, Normen und Verhaltensweisen statt (Thomas 2003, S. 23). Im Rahmen der *Personalisation* wird Distanzierungsfähigkeit, Autonomie und Verantwortlichkeit gelernt.

- Ebenso wie der Mensch verändern sich die Kultur und Subkulturen, in denen er lebt. Die bewusste Auseinandersetzung mit seiner Person und den kulturellen Prägungen sind Schritte zu mehr Autonomie.
- Bildungsausländer erleben wie Migranten häufig Diskriminierungen. Diese können nach Zeiler/Zarifoglu (1994) erfahren werden „als formelle, strukturelle Einschränkungen und als informelle alltägliche Abwertung sowie als Zuschreibung unerwünschter oder als Verweigerung erwünschter sozialer Identität – die Persönlichkeitsentwicklung deformieren und zu krankheitswertigen psychischen Verfassungen führen können" (Schultz 2007, S. 150 f.).
- Viele Bildungsausländer leiden aufgrund der Komplexität der Probleme und der dadurch bedingten dauernden Anspannung und Überanstrengung in unterschiedlichem Maße an psychosozialen Schwierigkeiten, psychischen und psychosomatischen Krankheiten, wie Magenbeschwerden und Kopfschmerzen, wegen derer sie zu Ärzten gehen. Störungen im Leistungsbereich, wie Lernstörungen und

Prüfungsängste, führen sie oftmals auf mangelndes Lernen zurück. Dass diese Symptome ebenso wie die Störungen im Sozialbereich durch ihre enorme Belastung in der Bewältigung ihres Alltags und/oder teilweise wegen ihrer finanziellen Schwierigkeiten auftreten bzw. verstärkt werden, wird ihnen meist erst in der Beratung bewusst. Über ihre psychischen Störungen, wie Ängste und mangelndes Selbstwertgefühl (Akashe-Böhme 1991, S. 49), reden sie erst, wenn ein entsprechendes Vertrauensverhältnis hergestellt ist.

- Therapeuten und Berater haben mit Klienten/Ratsuchenden aus anderen Kulturen allerlei Besonderheiten zu berücksichtigen. „So kann zur Wirklichkeit des Patienten eine Welt der Geister, der Vorfahren gehören, die im kulturellen Kontext als real angesehen wird und es keineswegs als pathologisch erscheint, wenn als Erklärung für Krankheit auf die Welt der Geister zurückgegriffen wird" (Wohlfahrt/Hodzic/Özbek 2006, S. 152).
- In der kultursensitiven Beratung werden diese Phänomene auch thematisiert.

„Dass die Vögel der Sorge um deinen Kopf kreisen,
kannst du nicht verhindern,
aber dass sie Nester auf ihm bauen,
das kannst du verhindern."
Chinesisches Sprichwort

3.4.2 Reaktionen auf Kulturwechsel

Bei einem Kulturwechsel können vielfältige Reaktionen auftreten. Wie bei allen größeren persönlichen Entwicklungen/Veränderungen bewegen sich diese Reaktionen zwischen Regression und Progression, dem Unsicheren und Angstmachenden und dem Sicheren und Gewohnten. Ist man bei einem Kulturwechsel anfangs überrascht über das Erlebte, folgt meist Stress aufgrund der Reizüberflutung, ist irritiert über die zahlreichen fremden Verhaltensweisen und fühlt sich durch das viele Neue überfordert. „Bei einem raschen Wandel kultureller und sozialer Normen" (Hüther 2009, S. 43) kann es zu unkontrollierbaren Belastungen und Stress kommen. Sind die gelernten Strategien zur Bewältigung des Alltags nicht erfolgreich, kommt es zum Kulturschock (Podsiadlowski 2004, S. 30 f.). „Push“-Faktoren, die von der Fremdkultur abstoßen, sind Anstrengung, Hilflosigkeit, Rollenkonfusion und Divergenzwahrnehmung und „Pull“-Faktoren, die zur Heimatkultur hinziehen, wie Heimweh und Statusverlust, sind negative psychische Phänomene, die den Kulturschock vergrößern (Layes 2003, S. 130 f.). Schockierend kann auch sein, dass sich einer intensiv auf das Zielland vorbereitet hat und feststellt, dass z.B. Sprache und Verhalten doch anders sind. Deshalb geben die Do's & Don'ts, Kulturstandards und Kulturdimensionen im interkulturellen Training nur eine Orientierung.

- Der Fremde strebt Selbsterkenntnis und Selbstverwirklichung an, das ihm aber nur bei einem Einlassen auf das Neue, das Fremde möglich ist. Die Intensität des Empfindens eines Kulturschocks hängt bei beruflichen Auslandsaufenthalten nach Ward et al. (2001) von verschiedenen Faktoren ab, wie kulturelle Distanz, Distanz der Aufgaben, Soziale Unterstützung, Dauer und zeitliche Klarheit und Freiwilligkeit (ebd., S. 131 f.).
- In der Anfangsphase ihres Aufenthaltes in Deutschland ist das Eingehen auf die Belange der Bildungsausländer durch persönliche Ansprache und dem Bereitstellen von Unterstützungsangeboten, die die Integration erleichtern, sehr wichtig und wird von vielen Bildungsausländern auch erwartet. Die Unterstützung kann durch Landsleute, Tutoren, Tandempartner und offizielle Stellen erfolgen.
- Gelingt die Integration nicht und fehlt den „Neulingen“ durch den Wechsel in eine andere Gesellschaft die Anerkennung, können sie einen Identitätsverlust erleben. Dieser Identitätsverlust ist begleitet „von Gefühlen des Versagens, des Selbstzweifels, von Ängsten und dem Verlust der Fähigkeit, Freude zu empfinden (Ahedonie)“ (Wohlfahrt/Hodzic/Özbek 2006, S. 154). Sollte es aufgrund des Identitätsverlustes zur Handlungsunfähigkeit kommen, können „ohnmächtige, aggressive Gefühle, Schuld, Scham und Angst entstehen“ (ebd.). Der Betreffende steckt in dem Dilemma, dass er in den transkulturellen Konflikten zwischen den Anforderungen seiner Primärgruppe und denen der Mehrheitsgesellschaft zerrieben wird. Bei einem Identitätsverlust kann auch der Selbstkonti-

nuitätssinn verloren gehen. Der Selbstkontinuitätssinn ist für „die Bewahrung des Zusammenhangs zwischen Vergangenheit und Gegenwart im Sinne einer übergreifenden Lebensperspektive" (Wohlfahrt/Hodzic/Özbek 2006, S. 154) bedeutsam. Dies erhöht die Verunsicherung noch mehr.

- Misstrauen in jeder Beziehung kommt dann auf, wenn der Einzelne das Gefühl hat, nie im fremden Land angekommen zu sein. Dieses Misstrauen herrscht besonders den Institutionen der Mehrheitsgesellschaft gegenüber. In Gesellschaften, die „die bürgerliche Ideologie vom einzigartigen, sich selbst verwirklichenden Individuum als Ich-Ideal bzw. als Über-Ich-Forderung verinnerlicht haben" (ebd.), kann bei diesen Menschen eine Beziehungsaufnahme und Integration auf jeder Ebene verhindert werden.
- Besonders ausgeprägt ist dies bei Menschen aus kollektivistisch geprägten Kulturen. Die dann auftretenden Störungen des Ich-„Bewusstseins" sind weniger Zustände, die man nach westlichen psychiatrischen Kategorien „als akute Erregungszustände mit Impulskontrollverlusten, ähnlich einer Borderline-Persönlichkeitsstörung oder einer akuten psychotischen Störung [...]" bezeichnen könnte, sondern häufig um transkulturelle Konflikte, „die kulturspezifisch ausgedrückt werden" (ebd.).

Phasen des Kulturschocks bzw. der Integration können bei einem Bildungsausländer so beschrieben werden:

1. Phase: Euphorie

Die Bildungsausländer kommen in der Regel mit einer hohen kulturellen Kompetenz nach Deutschland. Sie lassen ihre Wahrnehmungen und Deutungen noch nicht hinterfragen und sehen sich eher in der Rolle von Touristen.

2. Phase: Entfremdung

In dieser Phase verliert ihre kulturelle Kompetenz an Halt und sie geraten in Verwirrung hinsichtlich ihrer eigenen Rolle, der Werte und der Identität. Das Fehlen der stabilisierenden Faktoren der Heimatkultur, inkl. der persönlichen Beziehungen zu der Familie, den Freunden und Freundinnen wird ihnen schmerzlich bewusst. Trauer und Verzweiflung in unterschiedlichem Grad treten hier auf. Sie merken sehr deutlich die Unterschiede zwischen ihrer Herkunftskultur und der fremden Kultur. In dieser Phase geben sie sich oft selbst die Schuld für Misslingen der Alltagsbewältigung und Rückschläge in ihren Lernerfolgen.

Bildungsausländer wünschen sich in dieser Phase eine starke Hand, die sie führt und sie beschützt. Sie fühlen sich hilflos allem ausgeliefert. Sie erleben sich in einer Regression.

3. Phase: Eskalation

In dieser Phase wird eine Schuldzuweisung der fremden Kultur gegeben. Je nach Intensität der Eskalation und je nach Erklärungsmodellen und Hilfestellungen von außen kann diese Phase unterschiedlich lang sein und gar zum dauerhaften Begleiter des Aufenthaltes führen: „Alles ist gegen mich!" Das Gefühl des Abgelehntwerdens kann sich manifestieren. Es besteht die Gefahr, dass sich Betroffene zusammenschließen und für Veränderungen kaum zugänglich sind. In dieser Phase sind sie auch ansprechbar für Gruppen und Ideen, die ihnen Orientierung und Sicherheit bieten. Diese können durchaus fundamentalistisch und antidemokratisch sein.

4. Phase: Veränderung

Durch Kontakt mit Menschen anderer Kulturen oder dem Bewusstwerden der verinnerlichten Objektbeziehungen werden im Trauerprozess die Depression, Entmutigung und Ablehnung verarbeitet. Es kehrt die Einsicht ein, dass die unterschiedlichen kulturellen und religiösen Hintergründe und die damit verbundenen Einstellungen und Wahrnehmungen zu Missverständnissen/Irritationen führen können und in der Regel keine bewussten Attacken von außen sind. Durch ihr gestiegenes Selbstwertgefühl gehen die Betroffenen gelassener mit einer Ablehnung um.

5. Phase: Verständigung

In der letzten Phase gewinnen die Bildungsausländer wieder an kultureller Kompetenz. Sie sind in der Lage, die Normen und Werte der neuen Kultur zu verstehen und mit ihnen adäquat umzugehen. Das steigert ihr Selbstbewusstsein und Selbstvertrauen und führt zu einer Weiterentwicklung ihrer Identität.

Ihnen wird bewusst, dass sie in der Lage sind, in zwei Kulturen zu leben. Diese enorme interkulturelle Kompetenz zu erlangen, war sehr anstrengend und meist mit vielen Rückschlägen verbunden. Oftmals wird ihnen die von ihnen erbrachte Leistung erst in einem Beratungsgespräch bewusst. Es ist sehr wichtig, dass ihnen von Außenstehenden Anerkennung für diese Leistung ausgesprochen wird.

In der Beratung sollte der Berater wahrnehmen, in welcher Phase des Kulturschocks sich der Ratsuchende befindet, um Fragestellungen und Aussagen des Ratsuchenden besser zu verstehen und gezielt Unterstützung anzubieten.

3.4.3 Hierarchien und Autoritäten

In der Beratungssituation ist zu beachten, dass viele Ratsuchende aus Gesellschaften stammen, in denen mit besonderem Respekt und Höflichkeitsregeln mit Menschen umgegangen wird, die z.B. aufgrund des Geschlechts, des Alters oder der Leistungen eine höhere gesellschaftliche Position einnehmen. Dies kann bedeuten, dass ausländische Studenten es als „Beschämung" für sich als Aussprechendem und für den Berater als Zuhörendem empfinden, wenn sie den Berater mit ihren Problemen belästigen oder „unangenehme Einzelheiten" beschreiben. Der Berater hat durch seine Zugehörigkeit zur „Mehrheitskultur", seiner beruflichen Stellung etc. einen höheren Status.

Aus Respekt stellt der Ratsuchende Fragen auch meist nur umschreibend und antwortet nur indirekt. Dieses wahrzunehmen, ist Aufgabe des Beraters. Scham und Respekt können auch dazu führen, dass der Ratsuchende teilweise den Blickkontakt meidet. Das kann den Berater irritieren, da er in der Regel mit Blickkontakt rechnet.

Der Ratsuchende kann sich auch zurückhaltend geben und auch bei Nichtverstehen ein Nachfragen unterlassen. Der Ratsuchende signalisiert schnell Zustimmung, obwohl er Zusammenhänge nicht verstanden hat. Dieses Verhalten ist auch in anderen Zusammenhängen, z.B. in der kommunalen Jugend- und Familienhilfe bei Klienten zu beobachten, die gesellschaftlich niedriger als die Berater stehen und dem Berater entsprechende Machtkompetenz unterstellen. Ein hierarchisches Verständnis kann auch unbewusst auftreten, wenn Schwarze zu einem Weißen in die Beratung kommen. Für Ratsuchende aus kollektivistisch geprägten Kulturen hat höfliches und ehrenwertes Verhalten einen hohen Stellenwert (vgl. Birck/Weber 2004, S. 153 f.).

Ein Beispiel aus der Beratung kann dies verdeutlichen: Das Sitzmobiliar meines Büros waren für alle Sessel mit Armlehnen. Ein afrikanischer Student, der zur Beratung kam, setzte sich auf die vordere Kante des angebotenen Sessels. Ich nahm es so wahr, als fühle er sich in der Situation sehr unwohl und sei kurz vor dem Verlassen des Büros. Da mich das irritierte, sprach ich ihn auf meine Wahrnehmung an. Er entgegnete, dass das Sitzen in der gleichen Art Sessel, wie ich ihn auch habe, ihm nicht angemessen sei. Diese Art von Sitzgelegenheit sei ranghöheren Personen wie mir vorbehalten. Er säße besser auf einem Stuhl. Ich entgegnete ihm, dass ich ihm ausdrücklich das Sitzen auf dem Sessel erlaube. Sollte es ihm aber schwer fallen, dürfe er sich gerne einen Stuhl aus dem Wartezimmer holen. Daraufhin setzte er sich etwas zurück in die Mitte des Sessels.

3.4.4 Gefühle äussern

Je nach kultureller Herkunft und dortigem gesellschaftlichem Hintergrund und ob man Mann oder Frau ist, sind die „Art und Weise, in der Gefühle offenbart werden dürfen" (ebd., S. 154), stark reglementiert. In kollektivistischen Kulturen ist die Harmonie mit den anderen Gruppenmitgliedern so wichtig, dass „Geschehnisse und Gefühle", die stören könnten, nicht geäußert werden. Ebenso sind das Äußern von Kritik und Ärger und direkte Konfrontationen vor Ranghöheren nicht gestattet. Aus der Therapie mit muslimischen Patienten ist bekannt, dass Klienten Dinge „auch deswegen nicht berichten, weil sie für ihn so selbstverständlich sind, als wenn er sie schon gesagt hätte. Hier entsteht für einen nicht muslimischen Therapeuten (oder Berater, der Verf.) das Problem, dass er nicht ahnt, welche Dinge das sein könnten, sodass er danach auch nicht fragen kann" (Laabdallaoui/Rüschoff 2005, S. 33 f.). All dies führt häufig dazu, dass der Berater den Eindruck gewinnen kann, der Ratsuchende verschweige etwas oder ihm fehlen die passenden Worte (vgl. Birck/Weber 2004, S. 154). Der Berater kann durch Heranziehen von Vergleichen oder dem Schildern ähnlicher Inhalte, die er aus seiner Beratortätigkeit oder aus der Literatur kennt, die scheinbare Einmaligkeit der Lebensumstände des Ratsuchenden aufbrechen und ihm so eine Brücke bauen, damit er sich zu seiner eigenen Situation und Befindlichkeit leichter äußern kann.

3.4.5 Vorstellungen von Gesundheit und Krankheit

C. Oestereich weist in Anlehnung auf Littlewood (2001) darauf hin, dass „Krankheit“ und „Therapie“ Begriffe seien, die eine eurozentristische Sichtweise vertreten. „Begriffe wie ‚Beschwerden‘, ‚Ausdruck‘ und ‚Verständnis‘ seien vorzuziehen. Krankheitsbezeichnungen seien sowohl Strategien wie auch Erklärungen, Ideen wie auch Realitäten. Erfahrungsgemäß müssen sie deshalb im Gespräch mit den Patienten und Patientinnen und ihren Angehörigen erklärt, aber auch in Frage gestellt werden“ (Oestereich 2004, S. 165). Die unterschiedlichen Bedeutungen von Krankheitsbezeichnungen erfordern vom Berater differenzierte Fragestellungen, um sich ein Bild von der Befindlichkeit zu machen. Dadurch kann dem Ratsuchenden die Notwendigkeit eines Arztbesuches besser verdeutlicht werden oder im Einzelfall eine Unterstützung in einem therapeutischen Prozess erfolgen.

In einigen Heimatkulturen der Studenten ist für die Menschen die Aufteilung in „Körper“ und „Seele“ unvorstellbar und somit auch die Aufteilung in körperliche und psychische Erkrankungen, da der beseelte Leib eine Einheit bildet. Im Krankheitsfall ist nicht ein Körperteil oder Organ betroffen ist, sondern der ganze Leib. „Die Vorstellung, dass nur ein Körperteil krank und der Rest gesund sein soll, ist nicht nachzuempfinden“ (Birck/Weber 2004, S. 155). So beschreiben sie die Schmerzen nicht auf einen Bereich lokalisiert, sondern sprechen von Schmerzen, die sie überall haben.

Bildungsausländern fällt es schwer, somatische Erkrankungen als eventuell psychisch ausgelöst zu sehen. Über psychosomatische und psychische Erkrankungen zu sprechen, kann einen Tabubruch bedeuten, da der Erkrankte oftmals den Eindruck hat, als Versager dazustehen. „Die Ehre des erkrankten Migranten steht auf dem Spiel. Labilität, Unzufriedenheit, Schuldgefühl, Ängste, [...] können für den Migranten im Gespräch mit einem Partner aus der Outgroup Gesichtsverlust bedeuten" (Banning 1995, S. 94). Oft ist zu beobachten, dass die Studenten selbst in ihrer Ingroup, sowohl in Deutschland als auch mit ihrer Familie, sehr selten über ihre Erkrankungen sprechen. In vielen Herkunftsländern der Studenten „stehen die Krankheit und die Menschen, die sie fühlen und behandeln, sowie die sozialen Institutionen, die mit ihr in Verbindung stehen, in systemischen Beziehungen zueinander" (Kizilhan 2007, S. 58). Demnach können Erkrankungen durch Störungen des sozialen Umfelds ausgelöst worden sein. Gesundwerden bedeutet dann auch, die Störung im sozialen Umfeld zu beseitigen. Teilweise gehören die Ahnen mit einbezogen. Dadurch werden rituelle Handlungen notwendig.

Je nach Herkunft verbinden die Ratsuchenden psychische Störungen mit etwas „ganz Schlimmem", was von außen in sie eingedrungen ist (Banning 1995, S. 95-101). Teils reden sie von „schlechtem Blick", „bösem Blick" (vgl. Laabdallaoui/Rüschoff 2005, S. 36-40) oder Verwünschungen, die sie in diese Lage gebracht haben. Auslöser können für sie Neid und Missgunst anderer sein.

Den Vorschlag, in einer Therapie ihre Situation zu besprechen und Orientierung zu erlangen, sehen sie nicht als Chance an, sondern lehnen sie oftmals ab. Therapie wird meist mit „Verrücktsein" und „Minderwertigkeit" in Verbindung gebracht. „Außerdem sind Psychiatrien in Diktaturen häufig Teil eines repressiven Systems, in dem die Psychiatrisierung politischen Zwecken dient oder psychische Erkrankung zum Verfolgungsgrund wird" (Birck/Weber 2004, S. 155 f.).

In der kultursensitiven Beratung sind daher Mittel und Kräfte zu berücksichtigen, „die den Menschen als Ganzheit beeinflussen" (Banning 1995, S. 93) und ihm Hilfestellungen für eine Veränderung bieten. Die Beratung bietet den Studenten die Möglichkeit, sich zu öffnen, da sie die Beratung nicht als längeren Prozess erleben und erst im Gespräch der „böse Blick" zum Inhalt wird. Durch das Hintergrundwissen des Beraters und die teilweise Zuordnung zum ethnischen, kulturellen und religiösen Kontext erfährt der Betroffene, dass seine Wahrnehmung verstanden und Möglichkeiten des Umgangs mit diesem Erleben gesucht werden. Stößt der Berater an die Grenzen seiner Kompetenzen und ist aufgrund der Schwere der psychischen Erkrankung eine

Therapie notwendig, ist die dafür zu leistende Überzeugungsarbeit bei einem vertrauensvollen Verhältnis geringer.

Die Heilerwartungen der Bildungsausländer an die Ärzte sind oftmals zu groß. Durch die Einnahme von Medikamenten, nach Operationen und der Befolgung der Anweisungen erwarten zahlreiche Bildungsausländer eine schnelle Genesung. Sie sind gewohnt, dass bei einheimischen Medizinern ausführliche Gespräche bei der Behandlung geführt werden. Haben sie das hier nicht erfahren, kann bei einer nicht direkt erfolgten Heilung durch einen hiesigen Arzt der Wunsch aufkommen, von einem traditionellen oder religiösen Heiler behandelt zu werden. Dieser verwendet meist Riten und Zeremonien, die den ganzen Menschen stärken und heilen sollen. Von Afrikanern ist bekannt, dass sie nach Frankreich zu diversen Heilern fahren.

Ein Beispiel für eine Beratung: Eine wiederholte Knieoperation brachte nicht die erhoffte Heilung. Durch ein Telefonat mit seiner Mutter schwankte der afrikanische Student zwischen der möglichen Heimfahrt zu einem Heiler, der ihrer Meinung nach „garantiert“ helfen könne und der weiteren Behandlung durch Schulmediziner. Da der Student aber Prüfungen schreiben musste und zudem nicht über ausreichende finanzielle Mittel verfügte, wurde in der Beratung nach alternativen „Kraftquellen“ gesucht, die er für sich nutzbar machen könne. Dazu gehörten die Aktivierung seiner Selbstheilungskräfte, sein christlicher Glauben, Riten oder Gegenstände (z.B. Talismane) aus seiner Herkunftskultur etc.

Geschichte 2

Die folgende Geschichte kann dabei helfen, sich nicht zu große Sorgen zu machen oder Angst vor z.B. Prüfungen zu haben. Anschließend können diese Ängste besser besprochen und auf die Wirkung von „sich selbsterfüllender Prophezeiung“ eingegangen werden.

Der Seuchengott

Einst saß ein alter, weiser Mann unter einem Baum, als der Seuchengott des Weges kam. Der Weise fragte ihn: „Wo gehst du hin?“ und der Seuchengott antwortete ihm: „Ich gehe in die Stadt und werde dort hundert Menschen töten.“ Einige Monate später kam der Dämon auf der Rückreise wieder bei dem alten Weisen vorbei. Der Weise hielt ihn auf und sprach zu ihm: „Du sagtest mir, dass du hundert Menschen töten wolltest. Reisende aber haben mir berichtet, es wären zehntausend geworden.“ Der Seuchengott gab zur Antwort: „Ich tötete nur hundert. Die anderen hat die Angst umgebracht“ (von Münchhausen/Trageser 2004, Metapher 58).

3.4.6 Salutogenese

In der Beratung ist zu beobachten, dass die Ratsuchenden bei scheinbar gleichen äußeren Bedingungen und ähnlichen Belastungen diese für sich sehr unterschiedlich erleben und auch gesundheitlich unterschiedlich darauf reagieren. Der amerikanisch-israelische Medizinsoziologe Antonovsky (Bengel 2002, S. 24-38) entwickelte das salutogenetische Modell von Gesundheit. „Er kritisiert eine rein pathogenetisch-kurative Betrachtungsweise und stellt ihr eine salutogenetische Perspektive gegenüber. Die Frage, warum Menschen gesund bleiben, soll Vorrang vor der Frage nach den Ursachen von Krankheiten und Risikofaktoren bekommen“ (ebd., S. 9). Antonovsky geht davon aus, dass Menschen ständig von belastenden Lebenssituationen umgeben sind. Er macht dies in einer Metapher deutlich (ebd., S. 25). Das Leben des Menschen gleicht einem Fluss, der voller Gefahren lauert. In ihm gibt es Strudel, Stromschnellen, Gabelungen usw. und der Fluss ist in unterschiedlichem Maße verschmutzt. In ihm gibt es natürlich auch ruhigere Bereiche, in denen man sich treiben lassen kann.

Aufgabe der Gesundheitserziehung und Beratung ist es, die Menschen zu guten Schwimmern zu machen. Antonovskys Fragestellung dazu lautete: „Wie wird man, wo immer man sich im Fluss befindet, dessen Natur von historischen, soziokulturellen und physikalischen Umweltbedingungen bestimmt wird, ein guter Schwimmer?“ (ebd., S. 25). Das Konzept der Salutogenese setzt sich wie folgt zusammen:

3.4.6.1 Kohärenzgefühl

„Wie gut Menschen in der Lage sind, vorhandene Ressourcen zum Erhalt ihrer Gesundheit und ihres Wohlbefindens zu nutzen“, hängt „von der individuellen, sowohl kognitiven als auch affektiv-motivationalen

Grundeinstellung“ (ebd., S. 28) ab. Diese Grundhaltung bezeichnet Antonovsky als Kohärenzgefühl. Je ausgeprägter dieses Kohärenzgefühl ist, desto besser bewältigen die Menschen die Belastungen und erleben die Welt als zusammenhängend und sinnvoll. Sie erleben Situationen als weniger stressig und nutzen ihre Ressourcen besser. Drei Komponenten sind dafür notwendig.

1. Gefühl der Verstehbarkeit (sense of comprehensibility)

Dabei handelt es sich um ein „kognitives Verarbeitungsmuster“. Der Mensch erwartet und ist fähig, dass er auch unbekannte Stimuli „als geordnete, konsistente, strukturierte Informationen verarbeiten“ kann (ebd., S. 29).

2. Gefühl von Handhabbarkeit bzw. Bewältigbarkeit (sense of manageability)

Dieses „kognitiv-emotionale Verarbeitungsmuster“ gibt dem Menschen die Zuversicht, dass Schwierigkeiten mit eigenen Ressourcen und Kompetenzen, mithilfe anderer Menschen oder mithilfe einer höheren Macht lösbar sind (ebd., S. 29).

3. Gefühl von Sinnhaftigkeit bzw. Bedeutsamkeit (sense of meaningfulness)

Diese motivationale Komponente ist für Antonovsky die wichtigste. Nur wenn der Mensch von der Sinnhaftigkeit seiner Handlungen und seines Lebens überzeugt ist und positive Erwartungen an das Leben hat, erlangt er mit den oben genannten Gefühlen ein starkes Kohärenzgefühl. Dies ermöglicht ein flexibles Reagieren auf Belastungssituationen und aktiviert Ressourcen bei ihm (ebd., S. 30).

3.4.6.2 Stressoren und Spannungszustand

Der Mensch ist unterschiedlichen Stressoren ausgesetzt. Wie im Fluss erlebt der Mensch permanent Veränderungen, die einen „physiologischen Spannungszustand (psychophysische Aktivierung) herbeiführen, der darauf zurückzuführen ist, dass Individuen nicht wissen, wie sie in dieser Situation reagieren sollen“ (ebd., S. 32). Diese Spannungszustände können vom Individuum als sehr belastend erlebt werden. Ob die Spannungsbewältigung gelingt, hängt auch mit dem Kohärenzgefühl zusammen. Je stärker dies ist, je höher ist das Vertrauen, dass die nicht eindeutigen Situationen und Probleme bewältigt werden. Der Betroffene ist eher in der Lage zu unterscheiden, ob der Stressor „bedrohlich, günstig oder irrelevant" ist.

3.4.6.3 Generalisierte Widerstandsressourcen

Generalisierte Widerstandsressourcen sind all die Variablen, die mit dem Gesundheitszustand korrelieren und „sich sowohl auf individuelle (z.B. körperliche Faktoren, Intelligenz, Bewältigungsstrategien) als auch auf soziale und kulturelle Faktoren (z.B. soziale Unterstützung, finanzielle Möglichkeiten, kulturelle Stabilität)" (ebd., S. 34) beziehen. Das Spannungsfeld zwischen Gesundheit und sich den Herausforderungen gewachsen fühlen auf der einen und deren Gegenteil auf der anderen Seite spielt sich zwischen den beiden Polen Widerstandsressource und Widerstandsdefizit ab.

In der Beratung können das Herausarbeiten der Stärken und Fähigkeiten des Ratsuchenden und der Rückgriff auf seine bisher im Leben erbrachten Leistungen das Kohärenzgefühl steigern. Der Ratsuchende erkennt, dass er die vorhandenen Ressourcen optimaler nutzen und zuversichtlicher an die Bewältigung weiterer Herausforderungen herangehen kann.

Geschichte 3

Mut machen und auf notwendige Ausdauer verweisen, kann folgende Geschichte.

Der Frosch auf der Butter

Zwei Frösche, die sehr Hunger litten, weil die Fliegen im Herbst rar geworden waren, kamen in den Stall eines Bauernhofes. Sie entdeckten dort zu ihrer Freude einen Eimer mit frisch gemolkener Milch. Da niemand in der Nähe war, sprangen sie mit einem hohen Satz in den Eimer mit der nahrhaften Flüssigkeit. Sie tranken nach Herzenslust, bis sie gesättigt waren.

Wie groß aber war ihr Schrecken, als sie bemerkten, dass es kein Entrinnen gab. Die glatte Wand des Eimers machte all ihre Bemühungen, wieder auf festen Boden zu kommen, zunichte. Der eine Frosch war bald erschöpft. In seiner Todesnot rief er dem Kollegen zu: „Ich kann nicht mehr, es ist aus. Lebewohl!" Der andere ermunterte ihn: „Schwimm, so lange du kannst, nicht aufgeben!" Doch vergebliche Liebesmüh. Der Frosch streckte alle Viere von sich und ertrank.

Der zweite Frosch dagegen ruderte und ruderte ... Als der Morgen graute, saß er auf einem Klümpchen Butter, dass er selbst mit den Füßen geschaffen hatte und rettete sich mit einem Riesensprung ins Freie. Der Bauer fand im Eimer den Frosch, der aufgegeben hatte, tot vor (von Münchhausen/Trageser 2004, Metapher 37).

3.4.7 Der Ratsuchende als Teil der Minderheitskultur

Die Berater sind in der Regel Angehörige der Mehrheitskultur. Wie in den Kapiteln „Kultursensitive Beratung" und „Hierarchien und Autoritäten" angedeutet, haben der weiße Berater und der schwarze Ratsuchende in ihrem Leben unterschiedliche Zuschreibungen und Erlebnisse aufgrund ihrer Hautfarbe erfahren. Negative Zuschreibungen und Diskriminierungen aufgrund ihrer Hautfarbe machen neben Schwarzafrikanern in ähnlicher Form auch Menschen mit dunklerer Hautfarbe, seien sie aus Asien, Südamerika oder Nordafrika. Weiß-Sein ist in unserer Gesellschaft „ein soziales, politisches Konstrukt. [...] Es symbolisiert ein Machtsystem, beschreibt die Linien der Ausgrenzung, reproduziert Hierarchien" (Wachendorfer 1998, S. 51 f.). Wachendorfer weist auch auf die Verknüpfung mit „anderen sozialen und politischen Konstruktionen wie Klasse, Geschlecht, Nation, Religion etc." hin. Sie führt Beispiele aus Deutschland an, bei denen „mit der Kategorisierung Schwarz diese Personen durch die Thematisierung ihrer Hautfarbe nicht nur aus dem normativen Kontext als besondere herausgehoben werden, sondern dass mit der Thematisierung auch immer Bewertung verknüpft ist" (ebd., S. 51 f.). Wie werden wohl so allgemein benutzte Begriffe wie Schwarzarbeit = illegale Arbeitsaufnahme, Schwarzfahren = illegale Beförderungserschleichung, Schwarzsehen = etwas negativ bewerten etc. wahrgenommen?

Für den Beratungskontext Weißer vs. Schwarzer beschreibt Hügel-Marshall verschiedene Aspekte (Hügel-Marshall 1998, S. 109-116).

3.4.7.1 Konfliktträchtige Botschaften

Sie versteht darunter, dass weiße Berater/Therapeuten, da sie weiße Hautfarbe haben, „sich nicht oder selten mit ihrer Kultureingebundenheit und der dominanten weiß-christlichen, homogen-deutschen Gesellschaft“ (ebd., S. 112) beschäftigt haben. Schwarzen/Diskriminierten wird leicht unterstellt, sie seien z.B. übersensibel und zu emotional, da sie scheinbar „kleine“ Benachteiligungen und Diskriminierungen wahrnehmen und thematisieren. Die Betroffenen erleben diese als einen Angriff auf ihre Identität. Die Ratsuchenden kommen mit diesen Erfahrungen in die Beratung. Sie sind anfangs verunsichert und abwartend. Daher sind offene, vertrauensbildende Begegnungen so wichtig.

3.4.7.2 Glaubwürdigkeit und Vertrauen

Angehörige der Minderheitskulturen erleben die Berater in der Beratung als nicht glaubwürdig, wenn sie die Hilfen, Informationen und Vorschläge an Werten der Mehrheitskultur oder finanziell besser ausgestatteten Menschen ausgerichtet erleben. Ausländische Studenten berichten dann, dass ihnen von diversen Personen und Beratungsstellen geraten wurde, sie sollten doch weniger arbeiten, sich mehr Freizeit gönnen, mehr mit anderen unternehmen und wenn sie so viel Sehnsucht hätten, sollten sie doch die Familie besuchen u.Ä. Sie haben nur keine Chance, diese „Ratschläge“ umzusetzen. Sie fühlen sich durch solche Äußerungen nicht verstanden, nicht ernst genommen und nehmen dadurch auch die umsetzbaren Empfehlungen nicht wahr.

Auch erleben Diskriminierte im Alltag von Weißen/Angehörigen der Mehrheitskultur selten eine „selbstreflektorische Offenheit“, d.h. ein Reflektieren über die eigenen Normen, Werte und Wahrnehmungen. In der Beratung und in Alltagssituationen dienen die persönlichen Anfragen der ausländischen Studenten an den Berater und seinem gesellschaftspolitischen Bewusstsein der Findung der Glaubwürdigkeit und der Vertrauensbildung. Weiße Berater reagieren oft „mit Abwehr in Form von Schweigen, Rückzug und Aggressivität“ (Hügel-Marshall 1998, S. 113). Ihre Antworten entscheiden jedoch darüber, ob der Schwarze Vertrauen zum Weißen haben kann.

3.4.7.3 Misstrauen

Aufgrund ihrer rassistischen Erfahrung haben Schwarze gelernt, Weißen per se zu misstrauen. Dies kann aber auch zu Vorurteilen bei den Diskriminierten führen. Es kann dann sein, dass weiße Berater permanent auf ihr Verhalten den schwarzen Studenten gegenüber neu eingeschätzt werden. Sie müssen sich ständig neu das Vertrauen erwerben. Daher dauert es manchmal sehr lange, bis eine vertrauensvolle Beziehung eingegangen wird.

3.4.7.4 Erwartungen

Da Angehörige von Minderheitskulturen oft die Erfahrung machen, dass sie mit der Ursache vieler Probleme allein bleiben, werden sie in der Beratung „nur die Probleme thematisieren, von denen sie wissen, dass sie besprochen werden können“ (ebd., S. 113). Sie haben im täglichen Überlebenskampf gelernt, wie sie Gefühle zurückhalten und sich nicht so verletzbar machen können. „Es muss davon ausgegangen werden, dass alle Schwarzen in Deutschland in irgendeiner Weise die verschiedenen Formen von Rassismus, seien sie individuell, gesellschaftlich, institutionell, intentional oder nicht intentional, erfahren haben und Therapie also nicht im luftleeren Raum stattfindet“ (ebd., S. 114). Diese Erfahrungen sitzen in der Beratung immer mit am Tisch.

3.4.7.5 Stärke von Diskriminierten

Schwarze und Diskriminierte scheinen andere Menschen genau zu beobachten, auf deren Verhalten und Kommunikation zu achten und deren „nicht verbalisierten Intentionen, ihre Unzulänglichkeiten und Stärken“ (ebd., S. 114) wahrzunehmen. Sie lernen im Alltag in einer weißen Mehrheitsgesellschaft eigene Gefühle zurückzuhalten, da emotionale Ausbrüche die Ablehnung ihnen gegenüber nur erhöhen würde. Es erfordert für diskriminierte Studenten ein „hohes Maß an Fähigkeit zur Stressbewältigung“, um zu unterscheiden, ob Irritationen in der Begegnung mit weißen Menschen durch ihr Verhalten und Reaktionen darauf ausgelöst sind, mit dem momentanen Gefühlszustand der Weißen zu tun haben, allgemeine Kulturstandards oder rassistisch begründet sind.

In einem offen geführten Dialog in der Beratung und in Alltagssituationen mit Schwarzen/Diskriminierten haben Weiße und Schwarze die Chance, sich ihrer Vorurteile und Unsicherheiten bewusst zu werden und sich zu ändern. „Das Charakteristische dabei ist, dass eine von Rassismus geprägte Umwelt bei Weißen nicht Stärken, sondern Schwäche, Ängste und Unzulänglichkeiten produziert" (ebd., S. 115). Es besteht die Gefahr, dass weiße Berater ihre eigene Kompetenz und Belastbarkeit im Gegensatz zu den Leistungen ihrer schwarzen Ratsuchenden infrage stellen. Das Wahrnehmen dieser Verunsicherung in der Begegnung kann jedoch neue Erkenntnisse und einen Perspektivwechsel beim Berater ermöglichen. Voraussetzung ist eine selbstreflektorische Offenheit des Beraters.

Zur Bewältigung ihres Alltags, des Studiums und Freizeit müssen die schwarzen Ratsuchenden zahlreiche Kräfte und Ressourcen aufbringen. Berater sollten sie darauf aufmerksam machen und dies besonders positiv hervorheben.

3.5 Die Funktion des Beraters

Der Berater sollte den Ratsuchenden in seiner Individualität anerkennen und ihm eine hohe Wertschätzung entgegenbringen. Damit „ist eine grundlegende Offenheit für den anderen gemeint und die Bereitschaft, jedes Individuum in seiner Gewordenheit anzuerkennen und erst einmal so anzunehmen, wie es ist" (Fischer 2005, S. 44). Der Berater sollte ein hohes Maß an Empathie zeigen. Er sollte das vom Ratsuchenden verbal, nonverbal und paraverbal Mitgeteilte inhaltlich und emotional zu erfassen versuchen. Dies geschieht durch genaues Zuhören, dem Vergleichen mit vorhandenem Wissen und dem Nachfragen, ob es richtig verstanden wurde. Dabei ist auch Ungewohntes zu akzeptieren. Andere Lebensformen als gleichwertige Entwürfe der Lebensgestaltung sind zu würdigen und eine Zurückhaltung bei Werturteilung ist notwendig. Einschränkungen gibt es immer dann, wenn gegen Gesetze und Menschenrechte verstoßen wird.

Der Berater sollte auch die interkulturelle fachliche Kompetenz des Ratsuchenden nutzen, um Aufklärung über von ihm nicht Verstandenes zu erhalten. Dabei hat der Berater auch die gehörten und seine persönlichen stereotypen Bilder von Angehörigen der Kultur und Religion anzusprechen, zu der der Ratsuchende zählt. Indem er im Gespräch z.B. sagt, was er über sie gehört hat, dass sie dieses oder jenes machen würden, wie er manches sehen würde, es bestimmte Verhaltensweisen aus Respekt oder Schamgefühl geben würde, bietet er dem Gegenüber die Chance, seine Sicht darzustellen. Dies ist wichtig, da so der Ratsuchende erfährt, dass der Berater schon Wissen besitzt, dieses auch hinterfragt und andererseits an ihm als Individuum interessiert ist.

„Wir haben zwei Ohren, aber nur einen Mund,
damit wir mehr zuhören als plaudern."
China

Eine Grundvoraussetzung für eine gelingende Beratung ist das Vertrauen des Beraters in die Selbstverfügungskräfte und Stärken des Ratsuchenden (Empowerment). Dies beinhaltet auch durch den Berater die Stärkung von Eigenverantwortlichkeit und Kompetenzen des Ratsuchenden. Der soll auch die Möglichkeiten erkennen, seine Interessen im Alltag, in der Hochschule und im Umgang mit Behörden wahrzunehmen. In der Haltung der Wertschätzung können Sachverhalte und Verhaltensweisen hinterfragt, Kritik geäußert und eine Problematisierung von Entscheidungen durch den Berater geäußert werden. Durch den offenen Dialog wird mit der Zeit Vertrauen gebildet und Beziehung hergestellt.

In der Beratung kann das Individuum wegen seiner Einzigartigkeit keine vorgefertigten Lösungen für seine Anfragen erhalten. Lösungen sind immer auf der Grundlage der jeweiligen Wirklichkeitskonstruktionen und Handlungsmodelle des Ratsuchenden in einem Dialog ressourcenorientiert zu erarbeiten. Bei der kultursensitiven Beratung geschieht dies vor dem Hintergrund unterschiedlicher Wirklichkeitskonstruktionen, den ethnischen und kulturellen Normen und Werten, den Vorstellungen von Gesundheit und Krankheit und spirituell-religiösem Wissen und entsprechenden Riten von Berater und Ratsuchendem.

In der kultursensitiven Beratung von bikulturellen Paaren sind unterschiedliche Kommunikation, Erwartungen, Normen und Werte der Partner angesprochene Probleme. Einzelpersonen oder Paare erhoffen sich durch die Beratung Unterstützung in der Bewältigung ihrer Probleme. Das Herausarbeiten ethnischer, kultureller, religiöser und besonders persönlicher Faktoren an den Schwierigkeiten und das Erarbeiten von Vorschlägen für konstruktive Konfliktbewältigungen können neue Perspektiven eröffnen.

Der Berater hat dabei darauf zu achten, dass er nicht in die Falle gerät, durch Stereotypisierung und Kulturalisierung den nicht deutschen Partner auf Zuschreibungen festzulegen und dies nicht mehr selbstreflexiv zu hinterfragen. Auch sollte er sich bewusst machen, welche Einflüsse das Geschlecht und die äußere Erscheinung der Gesprächspartner bei ihm auslösen. Basis für eine gelingende, Klärung schaffende Beratung ist eine Wertschätzung der unterschiedlichen Sichtweisen der Konfliktpartner und das Herausarbeiten neuer Deutungsmuster. Dadurch können die Partner zu neuen Verhaltensmustern finden.

In der Beratung und besonders in „lockeren" Gesprächen und Diskussionsrunden werden von dem Berater Stellungnahmen zu persönlichen Normen und Werten erwartet.

Der Berater sollte sehr bewusst darauf eingehen. Dabei hat er das Gesagte, Mimik und Gestik etc. zu hinterfragen. Erst dann sollte er sich als Person einbringen. „Wenn ich mit einem Patienten arbeite, höre ich mir nicht nur seine Geschichte an, sondern erzähle ihm auch meine. Wenn wir irgendwohin kommen wollen, müssen wir einander kennenlernen" (Kopp 1997, S. 26). Die ehrlichen Antworten und Reaktionen können bei dem Ratsuchenden etwas auslösen, was der Berater nicht immer vorhergesehen und beabsichtigt hat. Einstellungen, Wahrnehmungen und Empfindungen zu äußern, bieten dem Ratsuchenden jedoch die Chance, sich zu öffnen und dem Berater die Chance zur Reflexion seiner Einstellungen, Wahrnehmungen und Empfindungen.

Als theoretischer Ansatz in der Beratung hat sich die systemische Theorie (siehe Kapitel 3.6.2) mit den Aspekten des Konstruktivismus als hilfreich herausgestellt. „Realität ist das Ergebnis unserer individuellen Wahrnehmung. Das Wahrgenommene verarbeiten wir abhängig von unseren neurobiologischen und kognitiven Möglichkeiten" (Radice von Wogau 2004, S. 54). Somit gibt es so viele Realitäten, wie es Menschen gibt, es gibt auch keine „wahre und richtige Sicht der Wirklichkeit“, da jeder Mensch seine Realität konstruiert. Das bedeutet für die Kommunikation und das Verstehen, dass verbale Äußerungen, Verhaltensweisen und alles Wahrgenommene vom Empfänger nicht decodiert, sondern sinnhaft gedeutet wird. Beratung geschieht kontextuell und ohne vorgefertigte Problemlösungen, da der soziale Kontext des Ratsuchenden und seine bisherigen Integrationsleistungen mit einbezogen werden (ebd., S. 45-64).

Aus dem in der Beratung Erfahrenen ergeben sich für den Berater Handlungsaufträge. In dem Dreischritt Sehen – Urteilen – Handeln hat er die Situation der Armen und Marginalisierten (der Benachteiligten und der Ausgegrenzten) besonders in den Blick zu nehmen.

Die Wirklichkeitskonstruktion der Ratsuchenden ist mit Hintergrundinformationen zu den gesellschaftlichen Strukturen und Mechanismen zu analysieren.

Der soziokulturelle Kontext, in dem die Studenten leben, sollte erfasst werden. Der Berater hat sich ein Urteil zu bilden und das Erfahrene zu bewerten.

Anschließend hat er Handlungsstrategien zu entwickeln,

- mit denen er die Ressourcen der Ratsuchenden stärken,
- auf deren Lage aufmerksam machen,
- eine Kultur der Anerkennung schaffen
- und so zu einer Verbesserung der sozialen Absicherung und politischen Teilhabe der Ratsuchenden beitragen kann.

3.5.1 Diakonisch-seelsorgerliches Handeln
(vgl. die Ausführungen in Pastoraler Basiskurs, S. 69-73)

Jeder Berater, unabhängig von seinem Arbeitsbereich, sollte sich seines Auftrages, seines Menschenbildes und seiner Normen und Werte bewusst sein.

In der Beratung werden die Mitarbeiter der Hochschulgemeinden oft gefragt, warum sie Studenten beraten und speziell auch ausländische und nicht christliche Studenten finanziell unterstützen.

Als Begründungen für das diakonische Handeln finden sich zahlreiche Beispiele in der Bibel. Das Erleben des Fremdseins war schon den Menschen im Alten Testament vertraut. Wegen ihrer Handelsbeziehungen und Verfolgungen waren sie oft fremd oder beherbergten Fremde in ihren Orten. Immer wieder wird auf die Liebe zum Fremden hingewiesen. So steht in Exodus 22, 20: „Einen Fremden sollst du nicht ausnützen oder ausbeuten, denn ihr selbst seid in Ägypten Fremde gewesen!" „Er liebt die Fremden und gibt ihnen Nahrung und Kleidung – auch ihr sollt die Fremden lieben, denn ihr seid Fremde in Ägypten gewesen" (Dtn. 10, 18-19). Auch im Neuen Testament ist diese positive Einstellung zum Fremden zu finden, etwa in der Erzählung von dem Samariter (LK 10, 25-37). Das Gebot zur „Gastfreundschaft" findet sich sowohl im Alten Testament als auch Neuen Testament. Hiob: „Kein Fremder musste draußen übernachten, dem Wanderer tat meine Türe ich auf" (Hiob 31, 32). Im NT wird die Aufforderung zur Gastfreundschaft noch verstärkt. In Petrus 4,8-9 steht: „Vor allem haltet fest an der Liebe zueinander; denn die Liebe deckt viele Sünden zu. Seid untereinander gastfreundlich, ohne zu murren." Paulus schreibt an die Römer: „Gewährt jederzeit Gastfreundschaft!" (Röm. 12, 13) „Seid allen Menschen gegenüber auf Gutes bedacht!" (Röm. 12, 17) Gastfreundschaft und Nächstenliebe finden einen herausragenden Auftrag in Röm. 12, 20: „Wenn dein Feind Hunger hat, gib ihm zu essen, wenn er Durst hat, gib ihm zu trinken."

Schon aus diesen wenigen Quellen ist der Auftrag der Kirche zur Hilfe für Fremde und in Not Geratene zu ersehen.

In den Hochschulgemeinden findet sich der dreifache Auftrag der Kirche. Dazu gehört auch die Beratung, als Teil der Diakonie, der Hilfe für Menschen. Papst Benedikt XVI. schreibt zum Dienst der Liebe, der Diakonie: „Das Wesen der Kirche drückt sich in einem dreifachen Auftrag aus: Verkündigung von Gottes Wort (kerygma-martyria), Feier der Sakramente (leiturgia), Dienst der Liebe (diakonia)." Er betont besonders, dass Diakonie „unverzichtbarer Wesensausdruck ihrer selbst" ist (Benedikt XVI. 2006, S. 42).

Dieser Liebesdienst ist auf alle Menschen anzuwenden, unabhängig von Geschlecht, kultureller und religiöser Zugehörigkeit etc. Er beinhaltet auch das Eintreten für eine gerechtere Welt. Für die Menschen beinhaltet das Leben in einer gerechteren Welt die Achtung und Wertschätzung als Geschöpf Gottes, ausreichende Ernährung und Trinkwasser, Leben in sozialer Sicherheit und Frieden, Zugang zu Bildung, Recht auf Arbeit, Leben in einer intakten Umwelt und fairer Regional- und Welthandel. In seiner Enzyklika „Sollicitudo Rei Socialis“ von 1987 zum Nord-Süd-Konflikt fordert Papst Johannes Paul II. die Verwandlung von wechselseitiger Abhängigkeit in Solidarität, „da die Güter der Schöpfung für alle bestimmt sind“ (Korff/Baumgartner 1988, S. 73). Dies fordert die Wahrung der Interessen aller Menschen, besonders allerdings die der Armen, da sich die Kirche „Kraft ihres Auftrages aus dem Evangelium“ an ihre Seite gerufen fühlt. Mitarbeiter der Hochschulgemeinden sollten es als ihre Aufgabe ansehen, diesen Anspruch umzusetzen. Dazu ist neben der beruflichen Kompetenz der Mitarbeiter, auf die später eingegangen wird, „Herzensbildung“ nötig, „die ihnen die Liebe weckt und ihnen das Herz für den Nächsten öffnet“ (Benedikt XVI. 2006, S. 56).

Die Beratung in den Hochschulgemeinden ist für alle Studenten offen. Auch wenn Studenten mit anderem religiösen Hintergrund z.B. die Katholischen Hochschulgemeinden aufsuchen, sollte der Zweck der Beratung nicht auch die Missionierung von Kirchenfernen und Andersgläubigen sein. Papst Benedikt XVI. schreibt in seiner Enzyklika „Deus caritas est“: „Wer im Namen der Kirche karitativ wirkt, wird niemals dem anderen den Glauben der Kirche aufzudrängen versuchen“ (ebd., S. 58).

Im Folgenden werden ethische Kriterien für das Handeln und auch Gefahren dargestellt, die in der Beratung für den Berater liegen.

Dieses diakonisch-seelsorgerliche Handeln, das geprägt ist durch Liebe und Dienst, ist verstanden als „Realisierung des Vom-anderen-her-Denkens“ möglich. Dieses Handeln sollte durch ein gegenseitiges Geben und Nehmen geprägt sein, durch ein Bewusstwerden der eigenen Stärken und Schwächen und einer gegenseitigen Wertschätzung. Liebe ist im diakonisch-seelsorgerlichem Handeln in seiner lat. Form „caritas“ identisch mit Diakonie. Liebe bedeutet, sich auf die Vorstellungen des Anderen und dessen Wahrnehmung seiner Lebenssituation einzulassen.

Gefahren lauern für den Berater darin,

- dass er durch seine „Liebe“ den Anderen passiv in seine Vorstellungen von Lebensbewältigung drängt,

- dass er mit seinen Handlungen den Ratsuchenden nur in seinen Defiziten wahrnimmt, um ihm mit umso mehr „Liebeseinsatz“ zu helfen,
- dass er in der diakonischen Praxis aus Liebe nur das Individuum im Blick hat und die strukturellen Bedingungen nicht berücksichtigt.

Dienen ist nicht einfach Unterordnung im Gegensatz zum Herrschen. Dienen bedeutet für den diakonisch Handelnden auch die Wahrnehmung der eigenen Interessen, damit er nicht andererseits die Unterordnung der Ratsuchenden erwartet. Indem der Berater sein Gegenüber schlicht als Anderen wahrnimmt, ist dieses „Sich-Aussetzen des Helfenden gegenüber dem Hilfsbedürftigen“ frei von Über- und Unterordnung. Es ermöglicht die Ausrichtung am Anderen auf authentische Weise und das „in Dienst nehmen lassen“ für dessen Anliegen. Der Berater setzt seine Macht „als eine Macht für den Anderen“ ein.

„Niemand kann ehrlichen Herzens versuchen,
einem anderen zu helfen, ohne sich selbst zu helfen.“
Ralph Waldo Emerson

Der Berater sollte sich bewusst sein, dass er „in seinem Dienen selber Anerkennung“ erfahren möchte. Dies ist Voraussetzung, gelassen und offen mit diesem Bedürfnis umzugehen. So erkennt der Berater auch besser die eigenen Grenzen und sprengt die „Selbstherrlichkeit des Ichs“ auf.

In dem Aspekt des Dienens sind auch Gefahren verborgen. In der diakonischen Praxis sollte sich der Berater seiner Machtposition in Beziehung zu dem Ratsuchenden bewusst sein. Eine Gefahr besteht auch in dem „Aussaugen“ des Anderen, indem der Helfende in der Beratung zur „Bereicherung“ seines Lebens möglichst viel von der Not und den Schwierigkeiten erfragt, um dies als Ausgleich für einen eigenen „Mangel an Lebensfülle und Lebensnähe“ zu nehmen und eventuell an anderer Stelle sich damit zu profilieren.

3.5.2 Heilen – Case Management

„Das Reich Gottes ist in einem heilenden Handeln erfahrbar, das Menschen von dem befreit, was ihr Leben einschnürt, bedrückt und am Boden hält“ (Pastoraler Basiskurs, S. 60). Die Beratung soll als gestalteter Problemlösungsprozess die Eigenbemühungen des Ratsuchenden unterstützen und seine Kompetenzen zur Entscheidungsfindung erweitern bzw. verbessern. Sie soll dem Ratsuchenden helfen, sein Selbsthilfepotenzial zu stärken, sein Problem aus eigener Kraft zu lösen und eine gesunde psychische Umgebung für sich zu schaffen. Durch Einbeziehung der kulturellen und religiösen Anteile in der kultursensitiven Beratung kann sich der Ratsuchende seiner Vielfalt und Stärken bewusst werden. Diese ressourcenorientierte, psychosoziale Beratung kann so als Heilungspraxis verstanden werden. Im Pastoralen Basiskurs (Pastoraler Basiskurs, S. 68 f.) werden Kriterien für eine Heilungspraxis genannt, die auch für eine psychosoziale Beratung einsetzbar sind. Diese sind:

- die Einbeziehung der „Lebensführungsstandards“ der Betroffenen,
- eine mit den Betroffenen erarbeitete Zieldefinition,
- die Ausrichtung der Beratung an den „Fähigkeiten und Möglichkeiten des betroffenen Menschen“ und Stärkung des Selbstwertgefühls,
- die Integration der wahrnehmbaren „Lebensbeeinträchtigungen“ der Betroffenen bei der Erarbeitung eines „Lebenskonzeptes“,
- die Einbeziehung des aktuellen Umfelds der Betroffenen und der Aufbau eines Netzwerkes.

Diese Heilungspraxis optimiert der Berater mit den Informationen über weitere Hilfsmöglichkeiten, mit der finanziellen Unterstützung, der Vermittlung rechtlicher Beratung, der Einbeziehung ehrenamtlicher Helfer z.B. zum Ausgleich von Wissensdefiziten und bei Bedarf mit der Einbeziehung anderer Beratungsorganisationen zu einem Unterstützungsmanagement – Case Management. Dabei ist eine Übergabe vorzunehmen, damit der Ratsuchende nicht den Eindruck gewinnt, er werde abgeschoben. Bei der Übergabe sollte der Berater die andere Beratungsorganisation über die bisher gemachten Schritte und eventuell wichtige Hintergrundinformationen zur Lebenswirklichkeit des Studenten informieren.

Beratung intendiert auch immer eine „Beseitigung der strukturellen Ursachen der Beeinträchtigungen“, was eine entsprechende Lobbyarbeit und politische Aktivitäten seitens des Beraters notwendig macht.

3.5.3 Bewusstmachen der Ressourcen der Ratsuchenden

Ausländische Studenten erleben sich häufig als defizitär, werden auf Defizite hingewiesen oder gar als minderwertig eingestuft. Ein wichtiges Element im Heilungsprozess, in der Beratung, ist die Analyse der Lebenswirklichkeit, das gemeinsame Herausarbeiten der erbrachten Leistungen und Ressourcen der Ratsuchenden.

Nach einer Schilderung der Lage durch den Ratsuchenden wird in der Beratung auf die Stressoren und Belastungen eingegangen. In einem weiteren Schritt werden die Fähigkeiten, Kräfte und Ressourcen dargestellt, die die ausländischen Studenten haben, um den Alltag zu bewältigen und im Studium gleichwertige Leistungen wie die Angehörigen der Mehrheitskultur zu erbringen (Empowerment).

Das Bewältigen der Mehrfachbelastungen, wie die täglich gemachten fremdkulturellen Erfahrungen, die Organisation des Alltags, die Belastung durch Arbeitssuche und Arbeit, die wirtschaftliche und rechtliche Unsicherheit, die Sehnsucht nach Beziehung, Familie und Heimat und den Anforderungen des Studiums zu entsprechen, erfordert sehr viel Energie, soziale, kognitive, sprachliche und interkulturelle Kompetenz und Motivation.

Manchmal ist ein Rückgriff auf die Lebensgeschichte des Ratsuchenden notwendig, um herauszuarbeiten, welche Kräfte und Stärken zur Bewältigung bisheriger Herausforderungen und Lebenskrisen vorhanden waren. Große Herausforderungen waren u.a. bisher die Entscheidung, in Deutschland ein Studium aufzunehmen, Familie und Heimat zu verlassen und die Anpassungsleistungen, die sie hier erbringen müssen.

„Um Menschen zu ermutigen, musst du sie loben."
Yoruba

Das Bewältigen der Mehrfachbelastungen, die personalen Qualitäten wie Empathie, Hilfsbereitschaft, Humor, Freude empfinden und ihre kognitiven Stärken aus ihrer Biografie herauszuarbeiten und den Ratsuchenden bewusst zu machen, ist eine wichtige Aufgabe der Berater.

Eine wichtige Ressource der Ratsuchenden kann auch die religiöse Beheimatung sein. Studenten berichten oft, dass in der Heimat der

Glauben eine Kraftquelle war. Während ihres Aufenthaltes hier hätten sie sich jedoch von ihm immer weiter entfernt. Die Thematisierung kann dazu führen, dass sie ihren Glauben und die damit verbundene positive Kraft wieder entdecken und zuversichtlicher an Probleme herangehen.

Geschichte 4

Folgende Geschichte kann helfen, mit unklaren Lebenssituationen zu leben und Geschehenes nicht endgültig zu bewerten.

Glück oder Pech?

Ein chinesischer Bauer lebte mit seinem einzigen Sohn in der Zeit, als sich die Mongolen und die Chinesen bekriegten, an der Grenze zur Mongolei. Er besaß ein Pferd. Eines Tages lief sein Pferd über die Grenze. Als die Leute im Dorf davon erfuhren, kamen sie zu ihm und sprachen: „Du armer Bauer, jetzt ist dein einziges Pferd weg. Was hast du bloß für ein Pech!“ Er aber entgegnete ihnen: „Ich weiß nicht, ob es Pech oder Glück ist.“ Ein paar Tage später kam das Pferd mit zwei anderen Pferden wieder. Als die Leute im Dorf davon erfuhren, kamen sie zu ihm und sprachen: „Was hast du für ein Glück. Jetzt hast du drei Pferde.“ Er aber sah sie nur an und entgegnete ihnen: „Ich weiß nicht, ob es Glück oder Pech ist.“ Der Sohn fand Gefallen an einem der neuen Pferde und ritt es zu. Dabei stürzte er und brach sich beide Beine. Als die Leute im Dorf davon erfuhren, kamen sie zu dem Bauern und sprachen: „Du armer Bauer, jetzt ist dein einziger Sohn verletzt. Wer hilft dir jetzt bei der Arbeit? Was hast du bloß für ein Pech!“ Er aber entgegnete ihnen: „Ich weiß nicht, ob es Pech oder Glück ist.“ Ein paar Tage später brach Krieg aus. Alle gesunden Männer wurden Soldaten. Viele starben. Der Sohn des Bauern konnte wegen seiner Verletzung zu Hause bleiben. (Quelle nicht bekannt)

Was ist Glück, was ist Pech? Wir wissen es nicht. Was wir manchmal als Pech erleben, kann sich im Nachhinein als Glück erweisen. Daher ist es wichtig, seine Energie nicht in Missglücktem oder verpassten Chancen zu investieren, sondern zu sehen, welche Lehren daraus gezogen werden können.

3.6 Kompetenzen des Beraters

Die Beratungskompetenzen der Berater sollten sich zusammensetzen aus: Fachkompetenz, Handlungskompetenz und interkultureller Kompetenz.

Diese Kompetenzen sind für die pädagogische Arbeit und psychosoziale Beratung von großer Bedeutung, da sie sowohl emotionale, kognitive und handlungsorientierte Aspekte berücksichtigen (Fischer 2005, S. 33-47).

3.6.1 Fachkompetenz

Die Fachkompetenz setzt sich aus verschiedenen Wissensinhalten und Kompetenzen zusammen.

Sachkompetenz

Sachkompetenz ist die Kompetenz, Kenntnisse und Fertigkeiten bereichsübergreifend einzusetzen. Sie umfasst:

- interreligiöses Wissen, welches Grundkenntnisse von Christentum, Judentum und Islam beinhaltet;
- ethnologisches und kulturspezifisches Wissen, welches oben teilweise aufgeführt wurde;
- juristisches Wissen, welches für eine rechtliche Beratung neben den ausländerrechtlichen auch die im Alltag notwendigen Gesetze umfassen sollte. Der Berater sollte die Gesetze dem Ratsuchenden im Groben erklären und Konsequenzen aus der Gesetzgebung aufzeigen können. Im Letzten sollte er jedoch auf die Rechtsberatung durch einen Anwalt verweisen.

Der Berater sollte auch Lern- und Bildungsprozesse initiieren, gestalten und reflektieren können. Diese Prozesse können sowohl im Freizeitbereich als auch während Einzelveranstaltungen, Seminaren oder Workshops stattfinden.

Methodenkompetenz

Methodenkompetenz bezeichnet die „Fähigkeit, adäquate Problemlösungsstrategien zu entwickeln, auszuwählen und anzuwenden (z.B. kritisches Denken, Lernfähigkeit)“ (Schaeper 2007).

Dazu gehören:

- Analyse- und Synthesefähigkeit, Lern- und Arbeitsstrategien und das Nutzen von Wissen und Informationen.

Berufs-/bereichsspezifische Kompetenzen

Darunter ist die Fachkompetenz zu verstehen, die für die „Ausübung einer bestimmten Tätigkeit“ notwendig ist. Dazu zählen aber auch:

- Organisations- und Koordinationsfähigkeit, Verantwortungs- und Führungsfähigkeit, Überzeugungs- und Entscheidungsfähigkeit.

Für die in diesem Buch beschriebene Tätigkeit sind das Wissen der Methoden der Einzelfallhilfe als Casework und Case Management, der Sozialen Gruppenarbeit und der Gemeinwesenarbeit, die hier besonders unter der Arbeit in Netzwerken beschrieben wird, notwendige Voraussetzung.

3.6.2 Handlungskompetenz

Sie setzt sich aus der Fachkompetenz, sozialer Kompetenz, der Selbstkompetenz und dem Lernen von und über die Ratsuchenden zusammen.

Sozialkompetenz

Unter Sozialkompetenz wird die Fähigkeit verstanden, „Informationen auszutauschen, zu kommunizieren sowie soziale Beziehungen aufzubauen, zu gestalten und aufrecht zu erhalten“ (ebd.).

- Sozialkompetenz besteht aus Kooperationsfähigkeit, Teamfähigkeit, Empathiefähigkeit, Kommunikationsfähigkeit, Konfliktfähigkeit und interkultureller Kompetenz (Kapitel 3.6.3).
- Sozialkompetenz beinhaltet auch neben dem diakonisch-seelsorgerlichen Handeln (Kapitel 3.5.1) den bewussten Umgang mit dem Rollenverhalten von Berater und Ratsuchendem, dem Respektieren von Distanz und Nähe.
- Die Kommunikationsfähigkeit beschreibt auch die Sprachkompetenz, die neben dem Sprechen, dem Verstehen nonverbaler, verbaler und paraverbaler Kommunikationsformen auch das Zuhören beinhaltet. Zuhören bedeutet aktives Hinhören, durch Nachfragen und Verständnisfragen dem Ratsuchenden Interesse

an seiner Person und Situation zu bekunden. So können Lösungsschritte initiiert werden.

Kommunikationstheoretische Grundlagen sollte der Berater auch besitzen, damit er sowohl im Einzelgespräch als auch in Gruppen, Gespräche initiieren, leiten und in Konfliktsituationen mediativ gestalten kann.

Hilfreich sind in der Beratung Elemente aus der systemischen Beratung, die im Folgenden kurz dargestellt wird (Schlippe/Schweitzer 1999, S. 137-163). Der Berater kann durch Fragen die Möglichkeit eröffnen, dass der Ratsuchende Antworten entwickelt, die Perspektiven zu einer Problemlösung bieten. So dienen zirkuläre Fragen der Informationsgewinnung und dem Aufdecken von Beziehungen, z.B. zu den Partnern, Eltern etc.: „Was denken Sie, wie Ihre ... sich dabei fühlt?“, ist eine mögliche Frage. Besonders im interkulturellen Kontext dient zirkuläres Fragen dazu, mehr über z.B. familiären Hintergrund, Haltungen und Werte, Religion und Krankheit zu erfahren (Oestereich 2004, S. 167). „Fragen zur Wirklichkeitskonstruktion oder Gegenwartsfragen dienen dazu, aktuelle Beziehungsmuster deutlich zu machen“ (Schlippe/Schweitzer 1999, S. 145). Fragen zum Auftrags- und Problemkontext (ebd., S. 146).

Fragen zur Möglichkeitskonstruktion „ermöglichen es, zirkulär kreative neue Möglichkeiten einzuführen“ (ebd., S. 155). Beispiele sind die Fragesätze: „Angenommen, Ihr ...?“ „Wenn jetzt ... würde, wie würde sich das auf ... auswirken?“ (Fragen zur Möglichkeitskonstruktion: ebd., S. 147)

Ressourcenorientierte Fragen geben dem Ratsuchenden die Chance, die „Lebensbereiche zu erkunden“, mit denen er zufrieden ist, in denen er sich wohl und kompetent fühlt (ebd., S. 158). Beispiel: „Was fällt Ihnen leicht?“ „Was gefällt Ihnen an ...?“

In der Analyse stellt sich oft heraus, dass viele Probleme nur zu verstehen und zu bewältigen sind, wenn ethnologische, kulturelle und psychologische Faktoren mit angesprochen werden. Es gibt immer wieder meist afrikanische Studenten, die z.B. bei der Erklärung von Erkrankungen und deren Heilungsmöglichkeiten oder schwierigen Lebenssituationen zwischen traditionellen, kulturellen Ansichten und naturwissenschaftlichen Erkenntnissen schwanken.

Selbstkompetenz

Unter Selbstkompetenz wird die „Haltung zur Welt, zur Arbeit und zur eigenen Person" (Schaeper 2007) verstanden. Dazu zählen Motivation, Disziplin, Selbstbewusstsein, Identität, Selbstmanagement, Stressmanagement, ethisches Bewusstsein und Flexibilität.

Die Handlungskompetenz bezieht auch die Selbstwahrnehmung und Selbstreflexion des Beraters mit ein. Er sollte sich seiner Wünsche und Bedürfnisse, seines Menschenbildes, seiner ethischen Begründungen seines Handelns und seiner Selbst- und Fremdbilder bewusst sein.

Manches wird in der Beratung hinterfragt und infrage gestellt. Dies betrifft die gesellschaftlichen Bedingungen in Deutschland oder die Macht- und Unterdrückungssysteme in Institutionen ebenso wie das eigene „Verstrickt-Sein" des Beraters in diese Systeme. Die Handlungskompetenz lässt die gesellschaftliche Position der Ratsuchenden erkennen und setzt sich für deren Anerkennung und rechtliche Sicherheit ein. Dies geschieht überwiegend in Netzwerken.

„Wolle wird nur deshalb zu einem Teppich,
weil das entsprechende Wissen vorhanden ist."
Rumi

3.6.3 Interkulturelle Kompetenz

Die Beratung in den Verwaltungen, den Studentenwerken und in den Hochschulgemeinden wird von Personen mit unterschiedlicher Ausbildung ausgeübt. So beraten sowohl Personen mit einer Verwaltungsausbildung oder mit einem Hochschulabschluss in einem natur- oder geisteswissenschaftlichen Fach und teilweise mit einem Examen in einem pädagogischen oder psychologischen Studium. Einige haben Zusatzqualifikationen im Bereich Beratung, Therapie und Gruppenarbeit erworben.

Ist eine gelingende Kommunikation zwischen Personen einer gemeinsamen Kultur nicht einfach, so gestaltet sich die Kommunikation zwischen den Interaktionspartnern mit unterschiedlichen ethnischen, kulturellen und religiösen Hintergründen wesentlich schwieriger.

Wie im vierten Kapitel beschrieben wird, begegnen sich in vielen Situationen in den Hochschulen, Verwaltungen und den Hochschulgemeinden Menschen mit vielfältigen kulturellen und religiösen Prägungen. Daher sollten *alle* Personen, die in diesen Institutionen mit ausländischen Menschen zu tun haben, über Interkulturelle Kompetenz verfügen. Dies gilt besonders für die, die in der Beratung ausländischen Studenten Orientierung und Hilfe anbieten. Interkulturelle Kompetenz lässt sich nicht vermitteln, sondern muss immer wieder erprobt werden. Sie erfordert eine aktive Auseinandersetzung mit den eigenen Selbst- und Fremdbildern.

Die interkulturelle Kompetenz eines Menschen zeichnet sich nach Hecht-El Minshawi besonders durch folgende Fähigkeiten aus:

- *Ambiguitätstoleranz* – mit nicht eindeutigen oder gegensätzlichen Situationen und Erwartungshaltungen umzugehen;
- *Problemlösungsfähigkeiten* – Probleme anzugehen und in interkultureller Konfliktmediation zu lösen;
- *Empathiefähigkeiten* – die Anliegen und Interessen anderer wahrzunehmen und deren persönliche Bedeutung zu erfassen;
- *Frustrationstoleranz* – mit Frustrationen adäquat umzugehen;
- *Konfliktfähigkeit* und *Konflikttoleranz* – konfliktfähig und konflikttolerant zu sein;
- *Lernbereitschaft* – lernbereit zu sein;
- *starke individuell-kulturelle Identität* – sich der eigenen kulturellen Prägung bewusst zu sein als Voraussetzung für die Auseinandersetzung mit Menschen anderer Länder/Kulturen;
- *Distanzen* – sich selbst distanziert betrachten zu können;
- *Humor* – über sich selbst lachen zu können (Hecht-El Minshawi 2004, S. 265).

Dies erfordert ein hohes Maß an selbstreflexiver Haltung, damit der Berater sich seiner kulturellen Prägung, Selbst- und Fremdwahrnehmung, Deutungs- und Wahrnehmungsmuster etc. bewusst wird und die Prozesshaftigkeit von interkultureller Kompetenz erkennt. Der Berater hat sich auch „der Begrenztheit und subjektiven Färbung seines Wissens über den anderen stets bewusst“ (Fischer 2005, S. 43) zu sein. Auch kann dieses Wissen immer nur ein Annäherungswissen sein, bei dem Übereinstimmungen zwischen dem eigenen Denken und Fühlen mit dem des Ratsuchenden gering sein können. Daher sollte er sein Wissen stets erweitern, um die Ratsuchenden immer mehr zu verstehen.

3.6.4 Umgang mit Vorurteilen

Ausländische Studenten berichten in der Beratung oder in Gruppenangeboten über Diskriminierungen oder fremdenfeindliche Erlebnisse. Ca. 80 % der muslimischen Studenten haben 2006 erlebt, dass sie sich „aufgrund der ihnen zugeschriebenen Ausländereigenschaft als ausgrenzend behandelt und negativ bewertet gefühlt haben. Schwere und sehr schwere Diskriminierungserfahrungen berichten 33,7 %" (BMI 2007, S. 417). Muslimische Studenten berichten zu 34,2 % von Beleidigungen und Beschimpfungen im Gegensatz zu 23,6 % der nicht muslimischen Studenten. Von tätlichen Angriffen berichteten 4,9 % der Muslime und 3,3 % der Nichtmuslime (ebd., S. 365).

Es ist wichtig, dass die Mitarbeiter in den Verwaltungen, den Hochschulen und Hochschulgemeinden in der Beratung dem Einzelnen Verständnis für seine Wahrnehmung entgegenbringen und ihn stärken. Ihre Aufgabe ist in diesem Zusammenhang das Vorgehen gegen die Bildung von Vorurteilen gegenüber Minderheiten und Benachteiligten. Dies bedeutet:

- Die Mitarbeiter müssen „auf die legitimen Bedürfnisse der Vorurteilsträger eingehen", also erkunden, was die Ursachen für diese Vorurteile sein können.
- Sie müssen „überall da, wo Vorurteile auftreten, Position beziehen und ein klares Nein sagen".
- Die Mitarbeiter müssen die Lernangebote der Hochschulen und die Angebote der Hochschulgemeinden „als spezifische Chance der Beziehungsarbeit" verstehen und den interkulturellen und interreligiösen Dialog fördern.
- „Soziale Arbeit muss durch sozialpolitische Arbeit auf die gesellschaftlichen Strukturen Einfluss nehmen, die Vorurteile und Diskriminierung verstärken" (Freise 2005, S. 78).

Geschichte 5

Achtsamkeit und Respekt auch in kleinen Dingen

Die Ameise

Vor langer Zeit war einmal die Mutter eines der ottomanischen Sultane sehr den caritativen Stiftungen zugetan. Sie baute Moscheen und große Hospitäler und ließ öffentliche Brunnen graben in Teilen von Istanbul, die bis dahin ohne Wasser waren. Eines Tages ging sie und beobachtete den Bau des Hospitals, das sie gerade errichten ließ. Da sah sie, wie eine Ameise in den nassen Beton des Fundaments fiel. Sie hob die Ameise aus dem Beton heraus und setzte sie auf den Boden.

Einige Jahre später verstarb sie. In der Nacht erschien sie einer Reihe ihrer Freunde im Traum. Sie erstrahlte vor Freude und innerer Schönheit. Ein Freund fragte sie, ob sie ins Paradies gekommen sei wegen all ihrer wunderbaren mildtätigen Stiftungen. Aber sie antwortete: „Ich bin im Paradies, aber nicht wegen dieser Stiftungen. Es ist um einer Ameise willen" (Rumi in: Elsdörfer 2007, S. 176).

3.7 Hilfe und Netzwerke

Viele Beratungskompetenzen können durch Selbststudium und Fortbildungen erworben werden. Wichtig sind jedoch auch kollegiale Beratung und Supervision. Soll psychosoziale Beratung gelingen, sind auch ein kritisches Hinterfragen und das Erkennen der eigenen Grenzen des Beraters notwendig, damit er bei Bedarf den Ratsuchenden an eine zuständige Beratungsstelle weiter verweisen kann.

Nicht selten verabschieden sich Studenten nach einer Beratung in der Hochschulgemeinde mit einem Dank für die Zeit, die man sich für sie „genommen" hat. Sie sind überrascht, dass sie neben ihren finanziellen Schwierigkeiten, weshalb sie meist gekommen sind, diverse Fragen stellen und Probleme besprechen konnten.

Neben der *Einzelfallhilfe, geistlicher Begleitung und sozialer Gruppenarbeit* wird auch die Notwendigkeit der *Herstellung von Netzwerken* deutlich. Die Mitarbeiter der Hochschulgemeinden verstehen sich als Case Manager (siehe Kapitel 3.5.2).

Sie arbeiten eng auf regionaler und überregionaler Ebene mit allen an der Thematik Hochschulpastoral und Ausländerstudium beteiligten Organisationen und Behörden zusammen. „Wenn die karikative Aktivität von der Kirche als gemeinschaftliche Initiative ausgeübt wird, sind über die Spontaneität des Einzelnen hinaus selbstverständlich auch Planung, Vorsorge und Zusammenarbeit mit anderen ähnlichen Einrichtungen notwendig“ (Benedikt XVI. 2006, S. 57).

Die Netzwerke ermöglichen eine Optimierung der Hilfe für die Klientel und somit für den Einzelnen. Dabei werden sowohl die institutionellen als auch die persönlichen Ressourcen der Netzwerker aktiviert und eingesetzt. Voraussetzungen sind eine vertrauensvolle Kommunikations- und Informationskultur. Als Ergebnis kennen die Netzwerker die jeweiligen Kompetenzen, Hilfsmöglichkeiten und Ressourcen aller Beteiligten und können offen miteinander kommunizieren.

Netzwerke im innerkirchlichen, katholischen Bereich werden mit den Hauptabteilungen der Ordinariate für Schule und Hochschule, den Kollegen aus den anderen Hochschulgemeinden usw. gebildet. In der eigenen Stadt sind es u.a. die Kollegen der örtlichen ESG, die Vertreter der Hochschulen, die Teilnehmenden am „Runden Tisch für das Ausländerstudium“, bestehend aus Vertretern der Hochschulen, des Studentenwerks, der Stadtverwaltung, der Hochschulgemeinden. Auf Landes- und Bundesebene sind es die Stipendienorganisationen, z.B. KAAD (Katholischer Akademischer Ausländer Dienst) und Cusanuswerk und die Ministerien.

Zur Netzwerkarbeit gehört auch die Information der Studenten über Veranstaltungen anderer Träger wie AKH (Arbeitsgemeinschaft Katholischer Hochschulgemeinden), der Bundes-ESG und WUS (World University Service), die Angebote zur persönlichen und beruflichen Qualifikation und Reintegration anbieten.

„Macht entspricht der Fähigkeit,
sich mit anderen zusammenzuschließen
und im Einvernehmen mit ihnen zu handeln.“
Hannah Arendt

4

4. Dialog- und Lernräume

In den Hochschulen und in den Hochschulgemeinden gibt es zahlreiche Begegnungs- und Dialogmöglichkeiten. Die Hochschulgemeinden sind offen für Studenten, Mitarbeiter und Lehrende der Hochschulen und andere Interessierte. Besucher sind neben katholischen und evangelischen Christen auch Menschen anderer Glaubensgemeinschaften oder Religionen. Gottesdienste, Glaubensgespräche, Diskussionsforen und Vorträge zu gesellschaftspolitischen, weltpolitischen, religiösen und interreligiösen Themen und Veranstaltungen zur Freizeitgestaltung werden angeboten.

Hochschulgemeinden bereichern durch die Freizeit- und Bildungsangebote das Leben der Studenten. Sie tragen zu einem besseren Gelingen ihres Studiums und zur Berufsvorbereitung bei und entlasten somit die Hochschulen. Hochschulgemeinden sind Orte, in denen sich Chancen zum Erwerb von überfachlichen Kompetenzen bieten.

Viele Studenten sind auf der Suche nach Menschen, mit denen sie sich austauschen und Freizeit verbringen können. Sie sind aber auf der Suche nach Orientierung und Sinn in ihrem Leben.

4.1 Begegnung und Dialog mit Fremden

Die Begegnungen fremder Menschen gestalten sich sehr unterschiedlich. Es ist nicht zu erwarten, dass die Kommunikation und Interaktion (zwischenmenschliches Verhalten und Handeln) immer gelingt. In der verbalen, nonverbalen und paraverbalen Kommunikation werden Zeichen und Signale, Mimik und Gestik und semantische Bedeutungen oftmals unterschiedlich interpretiert. Irritationen sind normal, da jeder Mensch einzigartig ist. Neben der genetischen, physischen und psychischen Verschiedenheit ist jeder sozial unterschiedlich geprägt.

Bei den Begegnungen kann es zum offenen „Aufeinanderzugehen" aus Neugier, Interesse, Höflichkeit etc., aber auch zur Nichtbeachtung oder gar Ablehnung, Diskriminierung usw. kommen. Begegnungen mit Fremden können ebenso wie Konfrontation mit Neuem, Unvertrautem und noch nicht Erfahrenem Ängste auslösen. In die Beurteilung der eigenen Handlungsmöglichkeiten auf diese Begegnungen und Konfrontationen fließen „Interpretationen, Erwartungen und Werthaltungen ein" (Han 2007, S. 24). Wird die Angst bewältigt, wachsen und reifen mit diesem Entwicklungsschritt die eigenen Fähigkeiten. Eine Verfestigung der Angst findet dagegen bei einer bewussten oder unbewussten Abwehr oder Vermeidung statt und kann schließlich unüberwindbar sein. „Die Annahme der Angst und konstruktive Auseinandersetzung mit ihr ist damit überlebenswichtig" (ebd., S. 25).

Durch eine andere Sozialisation, Enkulturation und Personalisation passt der Fremde nicht in das Normen- und Wertesystem der eigenen Gruppe, der eigenen Kultur (Ethnozentrismus). Wichtig ist die konstruktive Auseinandersetzung mit der Angst vor dem Fremden. „Angst ist Warnsignal und Alarmzeichen, das nicht nur auf mögliche Gefahren hinweist, sondern auch aktive Bewältigungsstrategien dazu herausfordert. Ihre positive Annahme und konstruktive Überwindung sind unverzichtbare Voraussetzungen für die Entwicklung interkultureller Fähigkeiten im Umgang mit Fremden" (ebd., S. 33).

Fremdheit kann attraktiv sein, weil sie eine neue Herausforderung bietet. Der Einzelne kann etwas Neues, Ungewohntes kennenlernen und so seinen Horizont erweitern.

Durch einen studienbedingten Auslandsaufenthalt, der Arbeit in einem multinationalen Team oder die Beziehung zu einem Menschen aus einem anderen Kulturkreis sind Fremdheitserfahrungen unvermeidbar.

In den Hochschulen und Hochschulgemeinden kann ein Lernklima für den Dialog mit dem Fremden gestaltet werden. So wie ein afrikanisches Sprichwort lautet: „Das Gras wächst nicht schneller, wenn man daran zieht!“, so erfordert der Dialog Ausdauer, Offenheit und Wertschätzung, um vertrauensvolle Beziehungen zu schaffen. Im interkulturellen und interreligiösen Dialog findet ein Austausch zwischen Menschen verschiedener Kulturen und Religionen statt, der sie ihre eigene kulturelle und religiöse Identität erkennen lässt. Interkultureller Dialog bedeutet, dass man einander Geschichten von sich erzählt und reflektiert, auf welchem Hintergrund und Annahmen wir reden, sehen, hören und deuten. Inhalte können der eigene Lebensverlauf, die Herkunft und die Irritationen sein, die in der Begegnung mit Fremden auftreten.

4.1.1 Stereotypen und Vorurteile

„Man kann seine eigenen Fehler
nur mit anderer Leute Augen sehen.“
China

Begegnungen alleine schützen nicht vor negativen Vereinfachungen und Generalisierungen. Ein Grund dafür ist das „Phänomen, dass Menschen dazu neigen, beim Beobachten anderer Menschen in besonderer Weise auf solche Verhaltensweisen zu achten, durch die sich vorgefasste Meinungen bestätigen lassen“ (Layes 2003a, S. 123). In vielen Alltagssituationen kann diese stereotype Wahrnehmung von Vorteil sein, da sie in neuen Situationen Orientierungshilfe und Zuordnung von unbekannten Personen und Sachverhalten bieten. Dadurch werden komplexe Wahrnehmungen und Informationen generalisiert, simplifiziert und strukturiert. Da Stereotype allerdings die Wahrnehmungs-, Interpretations- und Handlungsspielräume einengen, erhöht erst das bewusste Auseinandersetzen mit ihnen die Dialogfähigkeit. Durch neue Erkenntnisse kann man die Stereotypen verändern. Aus den Stereotypen, die das Gehirn dauerhaft speichert, wenn man sie nicht verändern will, entstehen Vorurteile.

> Vorurteile „sind vorab getroffene Annahmen, die wir über Personen oder Sachverhalte treffen. Sie beruhen auf verallgemeinerten früheren Erfahrungen. Vorurteile sind negative oder ablehnende Einstellungen einem Menschen gegenüber, worauf dieser Gruppe aufgrund stereotyper Vorstellungen bestimmte Eigenschaften von vornherein zugeschrieben werden, die sich aufgrund von Starrheit schwer korrigieren lassen. Vorurteile sind erstarrte oder selbstverständlich gewordene, nicht mehr angezweifelte Erwartungen“ (Berninghausen 2004, S. 41).

Der eigenen Gruppe (Ingroup) haben wir eher positive Vorurteile als einer anderen Gruppe (Outgroup) gegenüber, das muss jedoch nicht immer sein. Gestaltet sich der Kontakt mit Fremden positiv und wird vertieft, hat jeder Einzelne die Chance sich darüber klar zu werden, „was ihn geprägt hat, welche Werte, Beziehungserfahrungen und Lernprozesse zu der Persönlichkeit geführt haben, die er jetzt ist. Fremdverstehen setzt solche Selbstreflexion und Selbsterfahrung voraus“ (Freise 2005, S. 238). Begegnung mit Fremden ist eine Begegnung mit sich selbst. Der Kontakt mit Mitgliedern fremder Gruppen kann zu der Erkenntnis beim Einzelnen führen, „dass die eigene Sicht auf die Welt, so wie sie im eigenen Kulturkreis sozialisiert wurde, nur eine mögliche Perspektive ist“ (Christ/Wagner 2008, S. 159) und sich Verhalten und Einstellungen in einem permanenten Veränderungsprozess befinden.

4.1.2 Horizonterweiterung durch Dialog

„Erst durch das Du werde ich zum wahren Ich.“
Martin Buber

Die Dialogpartner sollten mit Achtung und Respektierung des Anderen aufeinander zugehen.

- Dialog kann nur gelingen, wenn sich die Beteiligten „in Augenhöhe“ begegnen, also gleichwertig.
- Inhalt des Dialoges sollte es nicht sein, dass das Ideal der einen mit der Realität der anderen Seite verglichen wird.

- Dialog bedeutet auch immer die Chance der emotionalen Verunsicherung und kognitiver Irritationen.
- Das Wahrnehmen und die Akzeptanz der eigenen Fremdheitsgefühle sind wichtige Voraussetzungen im interkulturellen und interreligiösen Dialog.
- Die Dialogpartner werden immer wieder angeregt, ihre Lebenseinstellung und Lebensweisen kritisch zu hinterfragen.
- Dabei entdecken die Dialogpartner bei aller Differenz ihrer Bedürfnisse und Interessen auch zahlreiche Gemeinsamkeiten. Sie sind oftmals von den Ähnlichkeiten überrascht.
- Die Dialogpartner erkennen durch die andere Art des In-der-Welt-Seins und des Austauschs darüber, dass menschliche Verhaltensweisen, Einstellungen und religiöse Riten und Aussagen in einem geschichtlichen und räumlichen Kontext entstanden und zu betrachten sind.
- Sie erkennen, wie sehr Menschen, Völker, Kulturen und im Rahmen der Globalisierung auch Wirtschaft und Politik aufeinander Einfluss nehmen.
- Ist Vertrauen zwischen den Dialogpartnern hergestellt, kann offen über die jeweiligen Unsicherheiten, Stereotypen und Vorurteile gesprochen werden. Dies lässt entstehende Konflikte erkennen und nach Lösungen suchen.
- Die Dialogpartner können ihre ethnozentrischen Verhaltensweisen wahrnehmen, die im Alltag für einen offenen Dialog hinderlich sind.
- Es wird auf persönliche Wertschätzung, Anerkennung der Diversität, Völkerverständigung, Einführung und Einhaltung der Menschenrechte und auf eine Verbesserung der Lebensbedingungen aller hingearbeitet (siehe Kapitel 42-50 in „Dialog und Verkündigung“).
- Gelingendes Verstehen verändert jeden Dialogpartner. Sie erleben den Umgang miteinander als Bereicherung.
- Die Dialogpartner können sich über ihre soziale, politische und ökonomische Situation bewusst werden und nach Wegen zu einer Überwindung von Ungleichheiten suchen.

Wie in dem afrikanischen Sprichwort: „Der Mensch ist Mensch erst durch den anderen!“, so sollte die Maxime für die Dialogpartner sein, dass sie Wohlbefinden und Weiterentwicklung nur erlangen können, wenn sie auch das Wohl des anderen im Blick haben und sich gemeinsam auf den Weg machen.

Die Hoffnung ist, dass die Dialogpartner die gemachten, hoffentlich positiven Erfahrungen in den Alltag und in ihre Heimatkultur übernehmen und davon berichten. Auch sollten sie modellhaft gelernt haben, wie ein Dialog geführt werden und gelingen kann.

4.1.3 Interkultureller Dialog

Kulturelle Vielfalt ist positiv zu bewerten, da Diversität Entscheidungen ermöglicht, „neu Kennengelerntes in das eigene kulturelle Repertoire zu übernehmen oder sich aber von ihm abzugrenzen“ (Freise 2005, S. 147). Dies führt zu einem Bewusstsein der Interkulturalität, dem Wahrnehmen der verschiedenen Kulturen und der Erhaltung der Lebensmöglichkeiten dieser Kulturen. „Interkulturalität heißt also nicht ein einfaches Nebeneinander-Sein, sondern ein organisches und symbiotisches Zusammenleben, wo Einheit in der Vielheit konkretisiert wird“ (D´Sa 2000, S. 39).

Dieser interkulturelle Dialog findet in den Hochschulgemeinden statt:

- bei persönlichen Gesprächen, bei Veranstaltungen zu unterschiedlichen Sitten, Bräuchen und Gewohnheiten,
- bei Veranstaltungen zu entwicklungspolitischen Themen,
- bei Länderabenden, in denen Studenten ihre Heimat vorstellen oder
- von dem in einem Land während eines Praktikums Erlebtem berichten,
- bei Interkulturellen Trainings, die zum besseren gegenseitigen Verstehen, zur Vorbereitung für einen Auslandsaufenthalt (Auslandssemester, Praktikum usw.) oder zur Vorbereitung auf die Arbeit in einem transnationalen Konzern angeboten werden. Dabei begegnen sich Menschen unterschiedlicher kultureller, ethnischer und religiöser Herkunft, werden angeregt, Erfahrungen auszutauschen und voneinander zu lernen. Sie tragen zur Steigerung der

Selbstwahrnehmung aus interkultureller Sicht bei und eröffnen die Chance, sich seiner Stereotypen und Vorurteile bewusst zu werden (Esser 2009, S. 14-16).

- In den Sprachkursen, in denen die Teilnehmer einiges über Land und Leute erfahren, z.B. im Suaheli-Kurs in der KHG Köln als Praktikumsvorbereitung für Tansania durch einen tansanischen Studenten,
- bei Kulturfesten und Filmabenden,
- bei Exkursionen und bei gemeinsamer Freizeitgestaltung,
- bei den zahlreichen informellen Begegnungen.

„Die Kulturen sind wie Regenbogenfarben.
Die Verschiedenheit der Kulturen kann deutlich festgestellt werden, auch wenn es nicht möglich ist, festzustellen, wo die eine Kultur beginnt und die andere aufhört."
Francis X. D´Sa

In der Praxis erprobte Handlungsvorschläge für interkulturelle Trainings und für die Workshops „Sehnsucht und Trauer" und „Reintegration" finden sich unter www.fhok.de (Suchbegriff: „kultursensitiv")

4.1.4 Interreligiöser Dialog

Religion tritt uns nie in Reinform gegenüber, da Kultur und Religion meist miteinander verflochten sind und sich gegenseitig beeinflussen. Dies führt zu einem stetigen Wandel von Kultur und Religion.

Religion übernimmt soziale und individuelle Identitätsarbeit. Sie interpretiert alltägliche Erfahrungen und integriert sie in ein System von transzendenten Wahrheiten. Bei Menschen mit Migrationshintergrund und auch bei ausländischen Studenten ist oftmals wahrnehmbar, wie die Sinn- und Handlungspräferenzen des Einzelnen und der Gruppe in der Religion verwoben sind. Dazu zählen neben den religiösen Riten und Glaubensinhalten auch das Gestalten und die Wahrnehmung des Alltags, der Umgang mit Autoritäten, Rollenzuschreibungen und Formen des Miteinanders.

In der heutigen Zeit der gesellschaftlichen Umbrüche, politischen Unruhen und Kriege, in der nicht selten Religion für Machtinteressen missbraucht wird, ist der offen geführte interreligiöse Dialog von größer werdender Bedeutung.

- Im interreligiösen Dialog findet ein Austausch über religiöse Traditionen und den spirituellen Reichtum des Glaubens und eine persönliche Auseinandersetzung mit der Einstellung und Beziehung zu Gott statt.
- Der Dialog beruht auf eigener Infragestellung und fördert Erkenntnisgewinn. Dieser Erkenntnisgewinn findet sowohl in der Erweiterung des Wissens über die fremde Religion statt, als auch der eigenen, da der Einzelne sich durch die Fragen seines Gegenübers der Fülle seiner eigenen Religion bewusst wird.

„Der Kern einer (Kultur-)Gemeinschaft ist die Religion. Die Religion ist die Sinnsuche einer (Kultur-)Gemeinschaft. Da unsere Welt nun zu einem globalen Dorf zusammengeschrumpft ist, haben dadurch die Probleme dieses Dorfes globale Dimensionen angenommen" (D´Sa 2000, S. 27). Bei der Begegnung zweier Menschen findet demnach zuerst ein interkultureller Dialog statt, aus dem sich ein interreligiöser Dialog entwickeln kann.

In den Katholischen Hochschulgemeinden können Katholiken ihren Glauben z.B. in Glaubenskursen oder Besinnungstagen vertiefen. Christen tauschen sich in ökumenischen Gesprächskreisen über ihre Gemeinsamkeiten und Unterschiede aus. Hochschulseelsorge schafft auch Begegnungsräume für Menschen unterschiedlicher Religionen und Weltanschauungen.

Die interreligiösen Angebote offen auszuschreiben und durchzuführen, sind für den Dialogprozess sehr bedeutsam. Die Untersuchung von Leibold/Kühnel zur Islamophobie und kritischer Haltung zum Islam bei der deutschsprachigen Bevölkerung in Deutschland hat ergeben: „73 % der Befragten sind der Ansicht, der Islam sei kaum oder gar nicht mit säkularen Prinzipien vereinbar, 78 % erwarten keine oder nur eine eingeschränkte Anerkennung anderer Konfessionen" (Leibold/Kühnel 2008, S. 101). Die Zahlen belegen eine sehr kritische Haltung durch die deutschsprachige Mehrheitsgesellschaft zum Islam. Das Bundesinnenministerium veröffentlichte 2007 die Untersuchung „Muslime in Deutschland". Darin wurde ermittelt, dass 17,8 % der muslimischen Studenten „die Befolgung der religiösen Gebote wichtiger sei als Demokratie“ und zwei Drittel sind „zur Scharia bezogen auf ihr Heimatland eindeutig ablehnend, bezogen auf Deutschland liegt die Ablehnung bei fast drei Viertel“ (BMI 2007, S. 389), was aber auch bedeutet, dass etwa ein Viertel die Scharia für Deutschland befürwortet. Es ist zu bedenken, dass die Studenten in der Gruppe der befragten Muslime – Schüler, Allgemeinbevölkerung, Studenten - die höchste Demokratiebezogenheit aufwies. 52 % aller muslimischen und etwa die gleiche Anzahl an nicht muslimischen ausländischen Studenten geben an, dass sie sich in erster Linie mit ihrer Herkunftskultur verbunden fühlen. Obwohl über 90 % der muslimischen und nicht muslimischen Studenten mit Migrationshintergrund deutsche Freunde haben und sich sehr viele in Deutschland beheimatet fühlen, geht dies „nicht mit einer kulturellen Orientierung auf das Aufnahmeland einher. Hier spielt nach wie vor die Herkunftskultur eine ganz bedeutende Rolle. Die Kultur ist in dieser Hinsicht der entscheidende Anknüpfungspunkt für die Verbundenheit mit der eigenen nationalen/ethnischen Herkunft, unabhängig von der Frage der Religionszugehörigkeit“ (ebd., S. 353). Eine „Anpassung des Verhaltens an die Gepflogenheiten der deutschen Gesellschaft“ (ebd., S. 359) halten allerdings etwa zwei Drittel der muslimischen Studenten für erforderlich. In die Beratung der Hochschulgemeinden kommen auch muslimische Studenten und fragen um finanzielle Hilfe nach. Aktiv an Angeboten nehmen jedoch nur wenige teil. Dies wäre aber umso wichtiger, wenn man sich die Angaben des Innenministeriums zur religiösen Orientierung betrachtet. Demnach sind 33,8 % fundamental, 29,2 % orthodox, 11,8 % traditionalistisch und 25,1 % gering religiös orientiert. Fundamental Orientierte (33,8 %) heben sich besonders hervor, dass sie „Personen mit dem höchsten Niveau an Religiosität, Zentralität, Orthodoxie und fundamentalen Orientierungen sowie einer starken Aufwertung der Eigengruppe“ (ebd., S. 381) sind. Unter den fundamentalistisch und den traditionalistisch Orientierten findet sich eine starke „pauschale Abwertung des Westens bzw. christlicher Kontexte“ (ebd.). Selbst bei den gering Religiösen, die im Alltag ihren Glauben kaum praktizieren, ist die Ablehnung des Westens noch deutlich zu erkennen.

Im Dialog sollten diese Einstellungen hinterfragt und je nach Aussage auch abgelehnt werden. Ein Dialog ist nur bei gegenseitiger

Respektierung der Werte möglich. Ein Dialog mit islamistischen Studenten, die den Kampf gegen christliche Werte als aggressive Dschihad-Befürworter führen, ist sehr schwer möglich.

Diese Angaben verdeutlichen die Notwendigkeit der Einbeziehung der muslimischen und nicht muslimischen Studenten mit Migrationshintergrund und der Bildungsausländer in interreligiöse und interkulturelle Veranstaltungen und Dialogprozesse. Dies umso mehr, da ein Teil der muslimischen Studenten in ihrer Heimat oder in Deutschland „wichtige gesellschaftliche Leitungs-, Gestaltungs- und Multiplikatorenfunktionen" (ebd., S. 342) übernehmen wird.

Beispiele für diesen Dialog sind Veranstaltungen wie:

- „Auf dem Weg mit Gott und Allah". Bei dieser Veranstaltung werden Wissenslücken gefüllt, geben Christen und Muslime persönliche Glaubenszeugnisse ab und Irritationen und Vorurteile können hinterfragt werden.
- Gemeinsame Besuche von Kirchen, Moscheen, Synagogen etc.
- Gesprächsreihen: „Christen und Muslime im Gespräch", „Gottesbilder in den monotheistischen Religionen", Vorstellung der Weltreligionen etc.
- Beim „Iftar-Essen", dem Fastenbrechen im Ramadan, tauschen sich in Köln Anhänger unterschiedlicher Religionen über die Bedeutung des Fastens in ihren Religionen aus und lernen einander kennen. Da Veranstalter das Studentenwerk, International Office, Islamischer Hochschulverein und die Hochschulgemeinden sind, werden Studenten, Mitarbeiter und Lehrende erreicht.
- Bei der Veranstaltung „Sehnsucht und Trauer" sind Studenten in der Vorbereitung und Durchführung einbezogen. Gegenseitige Information über den Tod in den Religionen, Trauerritualen und die eigene Befindlichkeit bei Sehnsucht und Trauer werden zum Inhalt.

Geschichte 6

Eine Geschichte, die sowohl bei interkulturellen als auch interreligiösen Veranstaltungen eingesetzt werden kann.

Die blinden Bettler und der Elefant

Vor dem indischen König waren einst die Gelehrten des Landes zusammengekommen, um die Frage zu diskutieren: *„Was ist das Wesen des Menschen?“* (oder *„Welche ist die wahre Religion?“*). Viele Vorträge wurden gehalten, heftig wurde diskutiert. Aber immer mehr wuchs sich die Versammlung der Weisen zu einer Menge streitender Menschen aus. Nur einer der Gelehrten schwieg beharrlich und beteiligte sich nicht an der Auseinandersetzung. Der König wurde auf ihn aufmerksam, ließ ihn kommen und fragte: „Hast du nichts zu sagen?“ Der stille Weise sagte: „König, lass blinde Bettler von der Straße kommen und einen Elefanten bereitstellen. Ich will dir meine Antwort zeigen.“

Dies geschah. Die blinden Bettler erhielten den Auftrag, das vor ihnen stehende Objekt genau zu betasten und zu erfassen, was sie vor sich hatten. Man ließ ihnen Zeit und brachte dann den Elefanten wieder weg. Jetzt fragte der stille Weise die Bettler: „Sagt, was habt ihr betastet. Das Objekt war ein Elefant, also, wie sieht der Elefant aus?“ Der erste Bettler, der den Rüssel betastet hatte, sagte: „Ein Elefant, oh, das ist ein Saugrohr, um Wasser auf die Reisfelder zu leiten!“ „Das ist doch nicht wahr! Ein Elefant ist ein großer Stampfer zum Zerkleinern von Hirse und Reis“, sagte etwas gereizt der Bettler, der die Beine betastet hatte. „Wie kann man nur so einen Unsinn reden“, sagte der Blinde, der den Bauch betastet hatte. „Ein Elefant ist eine Vorratskammer, eine sehr große sogar.“ „So einen Blödsinn habe ich schon lange nicht mehr gehört“, sagte der Blinde, der den Schwanz befühlt hatte. „Wie kann man bei einer so klaren Sachlage so etwas sagen. Ein Elefant ist wie ein Besen.“ „Auch das ist hirnverbrannter Unsinn“, sagte der Blinde, der die Ohren betastet hatte. „Ein Elefant ist wie ein Sieb zum Trennen der Schalen von den Körnern.“ Mit der Zeit wurde die Auseinandersetzung heftiger und blieb nicht nur bei Worten. Jeder hatte schließlich genau betastet und wusste, was er gefühlt hatte.

Der Weise bat den König, die blinden Bettler wieder zu entlassen. „Seht ihr, mein König, wie diese Auseinandersetzung der blinden Bettler war das Gespräch der großen Gelehrten über das Wesen des Menschen. *Jeder hat etwas Wahres erfahren und erkannt. Nur meint er, dass dies die ganze Wahrheit sei.“*

(nach einer indischen Geschichte, Verfasser unbekannt)

4.1.5 Interdisziplinärer Dialog

An diversen Orten begegnen sich Menschen mit unterschiedlichen Studienschwerpunkten, tauschen sich über Alltagserfahrungen aus und diskutieren wissenschaftliche und ethische Fragen. Eine Schwierigkeit im interdisziplinären Dialog liegt an der unterschiedlichen Sicht- und Herangehensweise an Probleme. Ein Naturwissenschaftler betrachtet viele Sachverhalte unter einem anderen Gesichtspunkt als ein Geisteswissenschaftler. Auch ist die semantische Bedeutung der Worte oft unterschiedlich. Im interdisziplinären Dialog können eine Horizonterweiterung und ein Perspektivenwechsel eintreten.

Interdisziplinärer Dialog findet bei Alltagsbegegnungen und z.B. bei Vorträgen in den Hochschulgemeinden statt über:

- Vorteile und Gefährdungen durch Gentechnik,
- ethische Werte in der Technikentwicklung und Technikanwendung,
- Medizinethik, Wirtschaftsliberalismus vs. soziale Verantwortung.

Diesen Dialog führen Studenten miteinander, Studenten und Dozenten, Dozenten untereinander z.B. bei Professorentreffen.

„Und stehet beieinander, doch nicht zu nahe beieinander:
Denn auch die Säulen des Tempels stehen einzeln.
Und Eichbaum und Zypresse wachsen nicht
im gegenseitigen Schatten."
Maxi Wander

4.1.6 Dialogbereitschaft deutscher mit ausländischen Studenten

Die Internationalisierung der Hochschulen ist ein Prozess, „der sich nicht nur im Ausland abspielt, sondern der natürlich ebenso an den einheimischen Universitäten und Fachhochschulen vonstatten geht" (DAAD 2007a, S. 9). Durch die zahlreichen ausländischen Studenten, sowohl Bildungsinländer als auch Bildungsausländer, findet eine Internationalisierung auch an den hiesigen Hochschulen statt. Intensive Kommunikation mit deutschen Studenten, die neben den fachbezogenen Gesprächen auch einen Austausch über die jeweilige soziale, politische und kulturelle Situation in den Herkunftsländern beinhaltet, kann die

Integration der ausländischen Studenten fördern und den Horizont der Deutschen erweitern. So können alle das Arbeiten in internationalen Gruppen lernen und erweitern ihre interkulturelle Kompetenz. Die dabei entstehenden Netzwerke unterstützen ein Gelingen des Studiums.

In der Organisationspsychologie wird davon ausgegangen, dass die Diversität der Gruppenmitglieder zur „Lösung von Aufgaben und zur Erreichung von Zielen" beitrage. „Vielfalt wird zum Charakteristikum einer ‚guten Gruppe', mit der man sich identifizieren kann" (Wolf/van Dick 2008, S. 140).

Die 2007 vom DAAD veröffentlichte Untersuchung „Aspekte der Internationalität deutscher Hochschulen" hat ergeben, dass deutsche Studenten, die ein Praktikum oder studienbezogenen Aufenthalt im Ausland hatten, aufgeschlossener ausländischen Studenten gegenüber waren als die, die nicht längere Zeit im Ausland lebten. Die Möglichkeiten der Kontaktaufnahme und des intensiven Austauschs von deutschen mit ausländischen Studenten und des damit verbundenen Erfahrungsaustauschs „über die verschiedenen Arbeits- und Kommunikationsweisen" (DAAD 2007a, S. 17) sind je nach Studienschwerpunkt unterschiedlich, sollten jedoch intensiviert werden.

2006 betrug bundesweit der Anteil ausländischer Studenten an Fachhochschulen ca. 10,1 %, im Gegensatz zu 13,5 % an Universitäten (DAAD 2007b, Wissenschaft weltoffen, Kapitel 1.1.4). 62 % der deutschen Studenten an Fachhochschulen vs. 56 % an Universitäten führten häufig oder gelegentlich Gespräche mit ausländischen Studenten (ebd., S. 28). Die Untersuchung ergab auch, dass bei deutschen Studenten der Fachhochschulen eine signifikant stärkere Ablehnung Ausländern gegenüber festgestellt wurde als bei Studenten der Universitäten (8 % vs. 3 % aller Befragten). Negativ hervorgehoben werden die Studenten der ingenieurwissenschaftlichen Studiengänge an Fachhochschulen mit 9 % der starken Ablehnungen. Eher situationsbedingte Motive als negative Einstellungen wurden angeführt, dass 14 % der deutschen Studenten noch keine Gespräche mit ausländischen Studenten in ihrem Studiengang geführt haben. 12 % der deutschen Studenten gaben an, dass sie keinen Kontakt zu ausländischen Studenten hätten.

4.1.6.1 Kommunikationshindernisse zwischen deutschen und ausländischen Studenten

Als Kommunikationshindernisse werden von den deutschen Studenten angegeben: seltene Begegnung (87 %), bisher keine Gelegenheit (83 %), fehlendes eigenes Interesse (15 %), zu große sprachliche Verständigungsschwierigkeiten (12 %), fehlendes Interesse der ausländischen Studenten (8 %), zu anstrengend (7 %), Mentalitätsunterschiede (5 %) und keine guten Erfahrungen (3 %) (ebd., S. 32).

Während 71 % der deutschen Studenten ihre ausländischen Kommilitonen bei Lehrveranstaltungen kennenlernen, wurden als weitere Möglichkeiten Freizeitaktivitäten (10 %), nachbarschaftliche Kontakte (7 %), Tandem- und Patenschaftsmodelle, Lerngruppen und Kontakte über Freunde und Bekannte genannt. Lediglich 2 % lernen sich in der Mensa kennen (ebd., S. 38). Muslimische Studenten scheinen zu knapp einem Viertel überwiegend oder ausschließlich Freundschaftsbeziehungen zu Deutschen zu haben und „bei einem weiteren Drittel besteht der Freundeskreis etwa zur Hälfte aus Deutschen" (BMI 2007, S. 353).

4.1.6.2 Verständigungs- und Kontaktschwierigkeiten

12 % der deutschen Studenten geben zu große sprachliche Verständigungsschwierigkeiten an, um mit ausländischen Studenten zu kommunizieren. Auch erleben sie, dass ausländische Studenten (8 %) scheinbar kein Interesse an der Kontaktaufnahme mit deutschen Studenten haben, sich in Regional- oder Sprachgruppen treffen.

Dieser Rückzug der ausländischen Studenten in die Regional- oder Sprachgruppe muss nicht mangelndes Interesse oder fehlende sprachliche Kompetenz, sondern kann auch wie im 2. und 3. Kapitel beschrieben, Schamgefühl sein. Scham- und Neidgefühle können aufkommen, da sie sich die Freizeitaktivitäten der Deutschen finanziell nicht leisten können. Sie erfinden Ausreden und fühlen sich beim nächsten Kontakt nicht wohl, da ihnen bewusst ist, dass sie gelogen haben. Deutsche verlieren ihrerseits das Interesse bei den Ablehnungen ihrer Kontaktangebote. Ausländische wie deutsche Studenten gehen auch aufgrund negativer Erfahrungen auf Distanz zueinander.

Bildungsausländer berichten, dass sie es leid sind, immer wieder die gleichen Fragen nach Herkunft etc. gestellt zu bekommen. Viele berichten, dass der Kontakt von den Fragestellern nach dieser „Fragestunde" nicht vertieft wurde. Sie empfanden es dadurch als mangelndes Interesse an ihrer Person, fühlten sich ausgefragt und waren enttäuscht.

Wenn Studenten, besonders Bildungsausländer, große Probleme haben, wächst die Angst, dass sie im Gespräch zu viel Persönliches einbringen, sich dadurch verletzbar machen und, indem sie ihre Situation beschreiben, „ihr Gesicht verlieren".

Auch aus den genannten Gründen „kommt es vergleichsweise oft zum gegenseitigen „Aus-dem-Weg-Gehen" (DAAD 2007a, S. 106). Zwei Drittel der deutschen Studenten möchten allerdings ihre Gespräche und Kontakte mit ausländischen Studenten intensivieren und bekunden starkes Interesse an Veranstaltungen zum gegenseitigen Kennenlernen. Dieser Wunsch nach verstärkten Kontaktmöglichkeiten sollte durch weitere Angebote in den Hochschulen und Hochschulgemeinden aufgegriffen werden. Neben den fachspezifischen Angeboten sind „auf jedem Fall mehr Angebote zur Kommunikationsförderung" (ebd., S. 106) notwendig.

Wie in den Ausführungen zum interkulturellen, interreligiösen und interdisziplinären Dialog beschrieben ist, bieten die Hochschulgemeinden zahlreiche Angebote zur Begegnung und Kommunikationsförderung zwischen deutschen und ausländischen Studenten an.

„Man muss aus seinem Haus heraustreten,
um zu lernen."
Afrika

4.2 Hochschulgemeinden unterstützen die Hochschulen

Die Hochschulgemeinden unterstützen durch ihre umfangreiche Beratungstätigkeit und die Vielzahl an Bildungs- und Freizeitangeboten die Studenten und somit die Hochschulen.

- Die Hochschulgemeinden tragen durch ihre Beratungs- und Hilfsangebote zu einem effektiveren Studium bei und können so die

Studiendauer positiv beeinflussen und Studenten den Abschluss ermöglichen.

- Durch zielgruppenorientierte Veranstaltungen und intensive Beratungen tragen die Hochschulgemeinden zu geringeren Ausfallzeiten der Studenten durch Krisen und Krankheiten bei.
- Die Hochschulgemeinden tragen durch ihre Angebote und Lobbyarbeit zu einer Verbesserung der Studiensituation bei.
- Durch die besondere Zuwendung zu den ausländischen Studenten, durch das Schaffen von Begegnungsräumen, Bereitstellen finanzieller Hilfen und der kultursensitiven Beratung unterstützen die Hochschulgemeinden die Internationalisierung der Hochschulen.
- Viele Bildungsausländer berichten, dass sie nur durch die Unterstützung durch die Hochschulgemeinden das Studium mit einem Abschluss beenden konnten. In der Befragung des KAAD gaben über 80 % der Berater der ausländischen Studenten in den Hochschulgemeinden an, „dass die Hilfesuchenden bei den Gemeinden insbesondere Rat in Lebens- und Orientierungskrisen suchen, wie sie mit dem Studieren in einem fremden Kulturraum zusammenhängen“ (KAAD 2006, S. 12). Durch die Reintegrationsangebote, die emotional auf die Rückkehr in die Heimat vorbereiten, die die finanziellen Unterstützungen durch Organisationen für die Rückkehr und den Berufsstart darlegen und auf vorhandene Rückkehrernetzwerke hinweisen, wird den Studenten in der Endphase des Studiums viel Druck genommen. Nach Jahren des Auslandsaufenthaltes und der Entfremdung zur Heimat sehen sie wieder Perspektiven für sich (siehe Kapitel 2.5).

„Unser Leben ist die Geschichte unserer Begegnungen.“
Anton Knerr

5

5. Fazit

Die Internationalisierung des Studiums sollte ein großes Anliegen der Hochschulen und ihnen nahe stehender Institutionen sein. Sie bietet die Chance der Horizonterweiterung, das Kennenlernen verschiedener Menschen mit ihrem anderen sozialen, kulturellen und religiösen Hintergrund, die Vorbereitung auf eine internationale Berufsausrichtung und die Schaffung einer friedlicheren Welt durch ein persönliches Kennenlernen und Wertschätzen.

Fremde irritieren mit ihrem Anders-Sein. Dieses Anders-Sein und die dadurch ausgelösten Irritationen als Lernchance zu sehen und im Dialog voneinander zu lernen ist z.B. eine wichtige Aufgabe aller Bildungseinrichtungen und Hochschulgemeinden.

Die Behörden und die Hochschulen haben verstärkt neben den Kirchen ausländische Studenten und Wissenschaftler als Bereicherung für die Hochschulen und die Gesellschaft zu schätzen, sie als Gäste zu empfangen und entsprechende Betreuungsangebote zu schaffen. „Im Rahmen des Nationalen Integrationsplans (NIP) soll die Notwendigkeit der Betreuung internationaler Studierender und Wissenschaftler als interkulturelle und soziale Verpflichtung der Hochschulen und Forschungseinrichtungen, ihres Umfeldes und der

Mittlerorganisationen hervorgehoben werden“ (BMBF 2008, S. 15). Ausländische Studenten erweitern die Horizonte für die Lehrenden und Lernenden und ermöglichen u.a. Erfahrungen in der Arbeit in multinationalen Teams. Im interkulturellen und interreligiösen Dialog werden Menschen zusammengeführt, die sich im studentischen Alltag kaum beachten. Gelingt der Dialog, trägt er zu mehr Toleranz und Achtung bei. Durch diesen Dialog können eigene Ressourcen, Erwartungen, Stärken und auch Defizite angesprochen werden.

Auch Bildungsinländer können durch Auslandssemester die Chancen wahrnehmen, durch ihre in der Fremde erlebten Irritationen zu lernen. Unsere Zukunft wird durch eine weltweite Zusammenarbeit in politischen, religiösen und wirtschaftlichen Bereichen gestaltet.

Durch die Einführung der Studienbeiträge stehen den Hochschulen zusätzliche Gelder für die Betreuung der Studenten zur Verfügung. Mit diesen Geldern könnten u.a.

- Seminare zur Verbesserung der Lerntechniken und des Zeitmanagements,
- zur Vorbereitung auf Prüfungen und zur Verringerung von Prüfungsangst,
- Tutorien, das Studium begleitende Förderkurse und
- mehr Seminare zur Erweiterung der Schlüsselkompetenzen angeboten werden.
- Das Beratungsangebot für Probleme im persönlichen Umfeld könnte erweitert und
- hochschulnahe Institutionen, wie die Hochschulgemeinden, als Kooperationspartner in den Blick genommen werden.

Studentinnen und Studenten berichten, dass sie nicht an Tutorien teilnehmen konnten, da diese parallel zu Pflichtveranstaltungen stattfanden. Diese unterstützenden Maßnahmen sollten somit eine Abstimmung zu den „Stundenplänen“ erfahren.

Für die Bildungsausländer könnten

- Sprachkurse zur Verbesserung der Deutschkenntnisse, da die vorher erworbenen Sprachkenntnisse nicht immer ausreichend sind und
- als außerfachliche Qualifikation auch Englisch angeboten werden.

- Zusammengesetzt aus Deutschen, Bildungsinländern und Bildungsausländern sollten interkulturelle Trainings angeboten und in allen Fakultäten beworben werden. Diese Seminare sind nützlich für die Integration, erforderlich für die Vorbereitung auf ein erfolgreiches Studium, dienen dem Abbau von Vorurteilen und der späteren beruflichen Praxis mit transnational operierenden Partnern.

Wichtig: Die Arbeitserlaubnis für Bildungsausländer sollte denen der Bildungsinländer angepasst oder zumindest auf 110 ganze oder 220 halbe Tage heraufgesetzt werden.

Auch sollte überlegt werden, wie unverschuldet in finanzielle Not geratenen Studierenden, die kurz vor dem Abschluss stehen, besser finanziell geholfen werden kann.

Durch die neue Studienstruktur und dadurch gestraffte Studienorganisation erhöhen sich die Anforderungen an die Studenten. Die Zeit für die Nacharbeitung der Studieninhalte, die Zeit für die notwendige Erwerbstätigkeit, für Erholung und Freizeitgestaltung verringert sich. Dies wird zu immer mehr finanziellen und psychischen Krisen führen und damit die Beratungsnachfrage deutscher und ausländischer Studenten erhöhen.

Es zeichnet sich ab, dass sich noch weniger Studenten in den Hochschulen, bei anderen Organisationen, z.B. den Hochschulgemeinden, engagieren und an Bildungsveranstaltungen und Dialogforen teilnehmen werden. Das verringert wiederum die Möglichkeiten, überfachliche Kompetenzen zu erwerben.

In den Hochschulgemeinden wird ein ganzheitlicher pädagogischer Ansatz vertreten. Die Besucher werden mit ihren Freuden, Träumen und ihrem „Wissenshunger“ und mit ihren Sorgen und Nöten als Individuum wahrgenommen und gefördert. Aus den Ausführungen wird deutlich: „Hochschulgemeinden sind Gasthäuser weltkirchlich orientierten Glaubens, christlicher Ökumene, interreligiösen Dialogs und einer Begegnung interdisziplinären und internationalen Wissens“ (Meisner 1999, S. 228). Die Angebote der Hochschulgemeinden, in denen sich Menschen „aus aller Welt“ treffen, werden gern wahrgenommen.

Hier erhalten die deutschen und ausländischen Studenten auch Beratung und Hilfe. „Diakonie, Caritas und begleitende Seelsorge“ (ebd., S. 229) nehmen einen großen Teil der täglichen Arbeit der

Mitarbeiter in der Hochschulseelsorge ein. Diese Angebote durchzuführen, erfordert einen hohen personellen und finanziellen Einsatz. Durch diesen hohen Einsatz und den das Studium unterstützenden Maßnahmen profitieren auch die Hochschulen.

Ausländische Studenten haben gerade wegen ihres Anders-Seins und dem Leben in der Fremde, getrennt von der Familie, mit sehr vielen Belastungen zu leben. Die Beratungsangebote zur Bewältigung ihres Alltags und die kultursensitive Beratung der Mitarbeiter der Hochschulgemeinden erleben sie als sehr hilfreich. Die erfahrene Wertschätzung, das Bewusstwerden ihrer Ressourcen und die Orientierungshilfen geben ihnen neue Kraft.

Wegen der Sparmaßnahmen der Kirchen, die in vielen Bereichen zu Kürzungen von Finanzmitteln geführt haben, wurden auch die Gelder der Hochschulgemeinden für bedürftige Studenten reduziert. Aus den aufgeführten Darstellungen und dem Auftrag der Kirchen zu diakonischem Handeln wird deutlich, dass die Beratungsangebote sowohl für in Not befindliche deutsche als auch ausländische Studenten weiterhin personell und finanziell notwendig sind.

Bundesregierung und Landesregierungen setzen sich für Demokratisierungsprozesse in den Heimatländern der Bildungsausländer ein. Das Ausländerstudium galt auch immer als Teil unserer Weltoffenheit und Entwicklungspolitik. Die innovativen Kräfte aus der Mittelschicht der Entwicklungs- und Schwellenländer haben jedoch immer weniger Chancen, ihren Horizont und ihr Wissen in Deutschland zu erweitern und dadurch zu einem Demokratisierungsprozess in ihrer Heimat beizutragen. In der Regel erhalten bzw. behalten viele zahlungskräftige Familien ihren Reichtum, weil sie aufseiten der Herrschenden stehen. Sie besitzen die notwendigen finanziellen Mittel, um ihren Kindern ein Studium im Ausland zu finanzieren. Somit werden die herrschenden Systeme stabilisiert, was für das investierte Kapital aus dem Ausland in der Regel von Vorteil ist, ungerechte Systeme in den Ländern jedoch erhält. Dadurch geht die Ausbeutung und Benachteiligung vieler Menschen in den Ländern weiter.

„Beklage nicht, was nicht zu ändern ist,
aber ändere, was zu beklagen ist."
William Shakespeare

Nachwort

„Ne jede Jeck is anders!“ (Jeder Mensch ist anders) – dieser rheinische Ausspruch könnte als Überschrift für JEDEN Dialog stehen.

Nach meinem Studium (Sozialpädagogik) arbeitete ich 12 Jahre überwiegend mit Jugendlichen, die italienische oder türkische Eltern hatten.

Trotz dieser langen Erfahrung erkannte ich in den 19 Jahren meiner Tätigkeit in der Katholischen Hochschulgemeinde (KHG) in Köln immer wieder meine Grenzen im Umgang mit Studentinnen und Studenten aus Europa, Afrika, Asien und Lateinamerika. Die Arbeit in der KHG mit dem Schwerpunkt der Beratung ausländischer Studentinnen und Studenten und der interkulturellen und interreligiösen Arbeit erlebe ich als wesentlich differenzierter. Sie verlangte eine enorme Kompetenzerweiterung und führt zu einer starken Auseinandersetzung mit meinen Normen und Werten, meinen Vorurteilen und blinden Flecken.

Beruflich und menschlich hatte ich das Glück, dass ich sowohl auf kommunaler als auch auf überregionaler Ebene auf Kolleginnen und Kollegen traf, denen ich meine Fragen stellen konnte und die mir weiterhalfen.

Sehr viel lernte ich in den Jahren allerdings von den Menschen aus den mir fremden Kulturen bei den zahlreichen Veranstaltungen wie Länderabende, themenspezifische Abende zur Globalisierung und Entwicklungszusammenarbeit, bei interkulturellen und interreligiösen Dialogen. Am meisten lernte ich jedoch, wenn die Studentinnen und Studenten von ihren Erfahrungen in Deutschland, von ihren Traditionen, Sitten und Bräuchen, von ihren Normen und Werten und ihren Wahrnehmungen berichteten. Für diese Abende bin ich den Teilnehmern sehr dankbar, weil ich immer wieder erkennen konnte, welche Vielfalt und welchen kulturellen und religiösen Reichtum sie besaßen. Sie gaben mir Einblick in ihre unterschiedlichen Lebensentwürfe.

In den zahlreichen Beratungsgesprächen arbeitete ich auch immer wieder mit Menschen, die mir durch ihre Offenheit bei der gemeinsamen Suche nach Lösungsmöglichkeiten für ihre Schwierigkeiten Einblicke in ihr Denken gaben und meinen Horizont erweiterten.

Durch meine überregionale Tätigkeit im Sprecherteam der Konferenz der Ausländerreferenten lerne ich auf Konferenzen und Fortbildungen immer wieder neue Kolleginnen und Kollegen kennen, die von ihren Irritationen und Unsicherheiten im Umgang mit Bildungsausländern in der Beratung oder bei Gruppenangeboten berichten. In Gesprächen mit Lehrenden und Mitarbeitern aus der Hochschul- und Stadtverwaltung stieß ich oft auf Interesse für die Situation der ausländischen Studenten. Dies alles motivierte mich, dieses Buch zu schreiben.

Bei der Erstellung dieses Buches wurden mir nochmals die Komplexität des Lebens der ausländischen Studentinnen und Studenten in Deutschland sehr bewusst, die Chance zur Horizonterweiterung in der Begegnung mit ihnen und die Notwendigkeit eines kultursensitiven Dialogs, um ihnen Beratung und Hilfe zukommen zu lassen.

In der alltäglichen Arbeit werden die Mitarbeiter der Hochschulgemeinden immer wieder Zeugen von Benachteiligungen und des Scheiterns von ausländischen Studentinnen und Studenten. Sie erleben aber auch deren Vitalität und Stärke – und die Vielfalt ihrer Persönlichkeiten und Charaktere.

> „Selbst der mittelloseste Fremde ist reich an Sprachen, die er in sich trägt, reich an Gerüchen und Empfindungen, vor allem reich an Erklärungen, Wesen und Objekten, zu deren Repräsentant er für uns Gastgeber durch die Magie der Reise wird. Wie oft haben mich im Angesicht des wirtschaftlichen und sozialen Elends, das Migranten erleben, Gefühle der Empörung erfasst“ (Nathan 2006, S. 114).

Danken möchte ich für die wertvollen Hinweise Maria Poensgen, Ute Kray und Markus Reissen. Frau Beralli und Herrn Debus vom Wochenschau Verlag bin ich für die angenehme Zusammenarbeit dankbar. Für die Korrektur in unterschiedlichen Stadien der Entstehung danke ich Ursula Weichert, Nikolaus Wolters und meiner Tochter Vera-Marie Kayser. Besonders bedanken möchte ich mich auch bei Herrn Prof. Dr. Freise für das einleitende Vorwort. Ganz besonders danken möchte ich meiner Frau, Hildegard Schmitz-Esser, die mit mir zahlreiche Interkulturelle Trainings geleitet und reflektiert hat, während des Entstehungsprozesses des Buches über Inhalte diskutierte und viele Abende und Wochenenden auf gemeinsame Freizeit verzichten musste, da ich wieder „am Buch arbeitete“.

Für die finanzielle Unterstützung der Veröffentlichung danke ich besonders dem Erzbistum Köln und dem Forum Hochschule und Kirche.

Literaturverzeichnis

Akashe-Böhme, Farideh: Die psychosoziale Lage der ausländischen Studenten aus dem islamischen Kulturbereich an den deutschen Universitäten. In: World University Service – WUS (Hrsg.): Lernziel: Interkulturell? Auszeit 23, Nr. 1/2. Wiesbaden 1991, S. 47-57.

Banning, Han: Bessere Kommunikation mit Migranten. Weinheim 1995.

Benedikt XVI.: Enzyklika: Deus caritas est (Gott ist die Liebe). Augsburg 2006.

Bengel, Jürgen: Was erhält Menschen gesund? Antonovskys Modell der Salutogenese – Diskussionsstand und Stellenwert. Im Auftrag der Bundeszentrale für gesundheitliche Aufklärung (BZgA): 7., erw. Neuauflage. Köln 2002.

Berninghausen, Jutta: Kultur und Kultur-Dimensionen. In: lafez (Landesamt für Entwicklungszusammenarbeit): Trainingsleitfaden Interkulturelle Managementkompetenz. Bremen 2004, S. 8-35.

Birck, Angelika/Weber, Ralf: Behandlungszentrum für Folteropfer. In: Radice von Wogau/Eimmermacher/Lanfranchi (Hrsg.): Therapie und Beratung von Migranten. Weinheim 2004, S. 148-160.

Bolay, Eberhard: Scham und Beschämungen in helfenden Beziehungen. In: Metzler/Wacker (Hrsg.): Soziale Dienstleistungen. Tübingen 1998.

Bundesministerium für Bildung und Forschung (BMBF): Deutschlands Rolle in der globalen Wissensgesellschaft stärken. Berlin 2008. www.bmbf.de/pub/internationalisierungsstrategie.pdf, Download 21.03.2008.

Bundesministerium des Innern (BMI 2007a): Muslime in Deutschland. Integration, Integrationsbarrieren, Religion sowie Einstellungen zu Demokratie, Rechtsstaat und politisch-religiös motivierter Gewalt. Berlin 2007.

Bundesministerium des Innern (BMI 2007b): Migrationsbericht des Bundesamtes für Migration und Flüchtlinge im Auftrag der Bundesregierung. Migrationsbericht 2006. Berlin 2007.

Christ, Oliver/Wagner, Ulrich: Interkulturelle Kontakte und Gruppenbezogene Menschenfeindlichkeit. In: Heitmeyer (Hrsg.): Deutsche Zustände Folge 6. Frankfurt/M. 2008, S. 154-168.

Deutscher Akademischer Austauschdienst (DAAD): Studienverlauf im Ausländerstudium. www.daad.de/de/download/zahlen/dok-und-mat_55.pdf 2004, Download 21.09.2007.

Deutscher Akademischer Austauschdienst (DAAD 2): Anzahl der Studenten und nähere Angaben (Deutsche, Bildungsinländer, Bildungsausländer) www.wissenschaft-weltoffen.de/2006/1/1/1/3 2006, Download 21.09. 2007.

Deutscher Akademischer Austauschdienst (DAAD): Aspekte der Internationalität deutscher Hochschulen. Bonn 2007.

Deutscher Akademischer Austauschdienst (DAAD): „Deutschland eines der beliebtesten Gastländer für ausländische Studierende", Pressemitteilung vom 29.06.2009, unter: www.daad.de/portrait/presse/pressemitteilungen/2009/10959/de.html, Download 11.10.2009.

Deutsches Studentenwerk (DSW): Die wirtschaftliche und soziale Lage der Studierenden in der Bundesrepublik Deutschland 2006. 18. Sozialerhebung (Datenerhebung Sommersemester 2006). Bonn/Berlin 2007.

Deutsches Studentenwerk (DSW): Internationalisierung des Studiums:
- Ausländische Studierende in Deutschland. Berlin 2008.
- Deutsche Studierende im Ausland. Berlin 2008.
- „Die Luft wird dünner": Studierende brauchen mehr Beratung. Pressemitteilung vom 04.11.2008, www.idw-online.de/pages/de/news?print=1&id=286887, Download 14.01.2009.

DGFP Deutsche Gesellschaft für Personalführung e.V. (Hrsg.): Interkulturelle Managementsituationen in der Praxis. Bielefeld 2004.

D´Sa, Francis X.: Religiöse Bildung und interkulturelle Handlungskompetenz. In: Schreijäck (Hrsg.): Religion im Dialog der Kulturen. Münster 2000, S. 23-43.

Eberding, Angela: Bedeutung der Sprache in der systemischen Therapie. In: Radice von Wogau/Eimmermacher/Lanfranchi (Hrsg.). Therapie und Beratung von Migranten. Weinheim 2004, S. 92-103.

Elsdörfer, Ulrike: Medizin, Psychologie und Beratung im Islam. Königstein 2007.

Esser, Bernhard: Interkulturelles Training für ausländische Studierende – damit das Studium in Deutschland gelingt. In: Forum Hochschule und Kirche – iirtatio 1: Global, gerecht, dialogisch. Bonn 2009.

Esser, Bernhard: Die Internationalisierung der Hochschulen – Der Beitrag der Kirchen. Auswertung einer Befragung. Köln 2009b.

Fischer, Veronika: Interkulturelle Kompetenz – ein neues Anforderungsprofil. In: Fischer/Springer/Zacharaki (Hrsg.): Interkulturelle Kompetenz. Fortbildung – Transfer – Organisationsentwicklung. Schwalbach/Ts. 2005, S. 33-47.

Forschungsschwerpunkt „Interkulturelle Kompetenz" der Fachhochschule Köln: Material der Workshops „Interkulturelle Kompetenz". Durchgeführt: Sommersemester 2006 und Wintersemester 2006/2007.

Freise, Josef: Interkulturelle Soziale Arbeit. Schwalbach/Ts. 2005.

Greifeld, Katarina: Ritual und Heilung. Eine Einführung in die Medizinethnologie. Berlin 2003.

Han, Petrus: Angst vor Fremden und Migrationsrealität. In: Borde/David (Hrsg.): Migration und psychische Gesundheit. Belastungen und Potentiale. Frankfurt/M. 2007.

Handschuck, Sabine/Klawe, Willy: Interkulturelle Verständigung in der Sozialen Arbeit. Ein Erfahrungs-, Lern- und Übungsprogramm zum Erwerb interkultureller Kompetenz. Weinheim und München 2004.

Hecht-El Minshawi, Béatrice: Interkulturelle Kompetenz. In: lafez (Landesamt für Entwicklungszusammenarbeit): Trainingsleitfaden Interkulturelle Managementkompetenz. Bremen 2004, S. 256-277.

Heublein, Ulrich: Ohne Integration kein Studienerfolg. In: Forum Hochschule und Kirche – irritatio 1: Global, gerecht, dialogisch. Bonn 2009, S. 6-9.

Hochschul Informations System (HIS) (Kurzinformation): A 5/2004. Wissenschaft weltoffen. www.his.de/pdf/pub_kia/kia200405.pdf, Download 21.03.2008.

Hochschul Informations System (HIS) U. Heublein/R. Schmelzer/ D. Sommer: Projektbericht „Die Entwicklung der Studienabbruchquote an den deutschen Hochschulen". Ergebnisse einer Berechnung des Studienabbruchs auf der Basis des Absolventenjahrgangs 2006. Hannover 2008, www.his.de/publikation, Download 21.02.2008

Hoffmann/Schoper/Fitzsimons: Internationales Projektmanagement. Interkulturelle Zusammenarbeit in der Praxis. München 2004.

Hofstede, Geert: Lokales Denken, globales Handeln. Kulturen, Zusammenarbeit und Management. München 1997.

Hügel-Marshall, Ika: Schwarze KlientInnen in Therapie und Beratung bei weißen TherapeutInnen. In: Castro Varela/Schulze/Vogelmann/Weiß: Suchbewegungen. Interkulturelle Beratung und Therapie. Tübingen 1998, S. 109-116.

Hüther, Gerald: Biologie der Angst. Wie aus Stress Gefühle werden. Göttingen 2009.

KAAD (Katholischer Akademischer Ausländer-Dienst): Die Katholische Kirche im Prozess der Internationalisierung der deutschen Hochschulen. Bonn 2006.

Kardinal Meisner, Joachim: Hochschulseelsorge im Erzbistum Köln. In: Amtsblatt des Erzbistums Köln, Erlass Nr. 218: 1. September 1999.

Kizilhan, Ilhan: Potentiale und Belastungen psychosozialer Netzwerke in der Migration. In: Borde/David (Hrsg.): Migration und psychische Gesundheit. Belastungen und Potentiale. Frankfurt/M. 2007.

Kollermann, Nicole: Spinn ich oder spinnen die? In: Kumbier/Schulz von Thun (Hrsg.): Interkulturelle Kommunikation: Methoden, Modelle, Beispiele. Reinbek 2006, S. 73-90.

Kopp, Sheldon B.: Triffst du Buddha unterwegs? Frankfurt/M. 1997.

Korff, Wilhelm/Baumgartner, Alois: Solidarität – die Antwort auf das Elend in der heutigen Welt. Enzyklika „Solicitudo Rei Socialis“ Papst Johannes Paul II. Freiburg 1988.

Laabdallaoui, Malika/Rüschoff, S. Ibrahim: Ratgeber für Muslime (bei psychischen und psychosozialen Krisen). Bonn 2005.

Layes, Gabriel: Interkulturelles Identitätsmanagement. In: Thomas/Kinast/Schroll-Machl (Hrsg.): Handbuch Interkulturelle Kommunikation und Kooperation Bd. 1. Göttingen 2003a, S. 126-137.

Leibold, Jürgen/Kühnel, Steffen: Islamophobie oder Kritik am Islam. In: Heitmeyer (Hrsg): Deutsche Zustände Folge 6. Frankfurt/M. 2008, S. 95-115.

Nathan, Tobie: Die Ethnopsychiatrie, eine Psychotherapie für das 21. Jahrhundert. In: Wohlfahrt/Zaumseil (Hrsg.): Transkulturelle Psychiatrie – Interkulturelle Psychotherapie. Heidelberg 2006, S. 113-126.

Oestereich, Cornelia: Interkulturelles Denken in der Psychiatrie. In: Radice von Wogau/Eimmermacher/Lanfranchi (Hrsg.): Therapie und Beratung von Migranten. Weinheim 2004, S. 161-174.

Peseschkian, Nossrat: Der Kaufmann und der Papagei: Orientalische Geschichten in der Positiven Psychotherapie. Frankfurt/M. 1979.

Pastoraler Basiskurs Lehrbrief 8: Theologie im Fernkurs. Würzburg o.J.

Podsiadlowski, Astrid: Interkulturelle Kommunikation und Zusammenarbeit. München 2004.

Rademacher, Helmolt/Wilhelm, Maria: Spiele und Übungen zum interkulturellen Lernen. Berlin 1991.

Schaeper, Hilde (HIS): Schlüsselkompetenzen in Studium und Beruf. Vortrag an der FH St. Gallen, 3. Oktober 2007, www.2007_10_03_Vortrag_Schaeper_StGallen[1].pdf , Download 05.01.2008.

Schlippe, Arist von/Schweitzer, Jochen: Lehrbuch der systemischen Therapie und Beratung. Göttingen 1999.

Schultz, Dagmar: Ressourcen- und resilienzorientierte Arbeit mit migrierten Patientinnen und Patienten. In: Borde/David (Hrsg.): Migration und psychische Gesundheit. Belastungen und Potentiale. Frankfurt/M. 2007.

Schulz von Thun, Friedemann: Miteinander Reden Teil 1. Reinbek 1990.

Sekretariat der Deutschen Bischofskonferenz: Dialog und Verkündigung. Verlautbarungen des apostolischen Stuhls Nr. 102. Bonn 1991.

Thiersch, Hans: Mitleid und die soziale Kultur der Moderne. In: Metzler/Wacker (Hrsg.): Soziale Dienstleistungen. Tübingen 1998.

Thomas, Alexander: Kultur und Kulturstandards. In: Thomas/Kinast/Schroll-Machl (Hrsg.): Handbuch Interkulturelle Kommunikation und Kooperation Bd. 1. Grundlagen und Praxisfelder. Göttingen 2003, S. 19-31.

Thomas, Alexander/Kammhuber, Stefan/Schroll-Machl, Sylvia (Hrsg.): Handbuch Interkulturelle Kommunikation und Kooperation Bd. 2. Länder, Kulturen und interkulturelle Berufstätigkeit. Göttingen 2003.

Troll, Christian W.: Muslime fragen, Christen antworten. Kevelaer 2003.

Ulrich, Susanne: Achtung (+) Toleranz. Gütersloh 2000.

von Münchhausen, Marco/Trageser, Waltraud: Die Metaphernkartei. Paderborn 2004.

von Wogau, Janine Radice: Systemische Theorie in interkultureller Beratung und Therapie. In: Radice von Wogau/Eimmermacher/Lanfranchi (Hrsg.): Therapie und Beratung von Migranten. Weinheim 2004, S. 45-64.

Wachendorfer, Ursula: Soziale Konstruktion von Weiß-Sein. Zum Selbstverständnis weißer TherapeutInnen und BeraterInnen. In: Castro Varela/Schulze/Vogelmann/Weiß: Suchbewegungen. Interkulturelle Beratung und Therapie. Tübingen 1998, S. 49-60.

Wissenschaft weltoffen 2007. www.wissenschaft-weltoffen.de/daten/1/2/1?printversion=1, Download 11.01.2008.

Wohlfahrt, Ernestine/Hodzic, Sanja/Özbek, Tülay: Transkulturelles Denken und transkulturelle Praxis in der Psychiatrie und Psychotherapie. In: Wohlfahrt/Zaumseil: Transkulturelle Psychiatrie – Interkulturelle Psychotherapie. Heidelberg 2006, S. 143-176.

Wolf, Carina/van Dick, Rolf: Wenn anders nicht schlechter bedeutet. Die Wertschätzung von Vielfalt fördert die Gleichwertigkeit der Gruppen. In: Heitmeyer (Hrsg.): Deutsche Zustände Folge 6. Frankfurt/M. 2008, S. 137-153.

Yilmaz, Tarik: Grundlagen der kultursensitiven Krisenintervention. In: Wohlfahrt/Zaumseil: Transkulturelle Psychiatrie – Interkulturelle Psychotherapie. Heidelberg 2006, S. 279-284.

„Ein westlicher christlicher Missionar arbeitete jahrelang in einem afrikanischen Land. Inständig flehte er seine Schafe (Gemeindemitglieder, d. Verf.) an, sich zu bekleiden. Sie aber verstanden überhaupt nicht, warum er so viel Aufheben darüber machte. Endlich ging ihm die Geduld aus. „Seht ihr nicht, dass ihr nackt seid?, sagte er eines Tages empört. Daraufhin erwiderte der Häuptling, „Und? Ihr Gesicht ist doch auch nackt?"
„Das stimmt", entgegnete der Missionar, „aber das ist nur mein Gesicht."
Lächelnd sagte der Häuptling, „wir sind Gesicht überall!"
(Francis X. D´Sa)

Register